Georg Rudolph Lichtenstein

Entdeckte Geheimnisse

Georg Rudolph Lichtenstein

Entdeckte Geheimnisse

ISBN/EAN: 9783743327061

Hergestellt in Europa, USA, Kanada, Australien, Japan

Cover: Foto ©ninafisch / pixelio.de

Manufactured and distributed by brebook publishing software
(www.brebook.com)

Georg Rudolph Lichtenstein

Entdeckte Geheimnisse

Entdekte Geheimnisse

oder

Erklärung

aller

Kunstwörter und Redensarten

bey

Bergwerken und Hütten-Arbeiten

nach

Alphabetischer Ordnung

in zween Theilen.

Nebst

einem kurzen Vorbericht

von

D. Georg Rudolph Lichtenstein.

Helmstedt

bey Johann Heinrich Kühnlin

1778.

Vorbericht.

Ist eine Wissenschaft, welche wegen der Menge der Kunstwörter schwer zu erlernen ist, so ist es ohnstreitig unter andern die vom Berg- und Hüttenwesen. Die vielfältigen Verrichtungen, welche sowohl zum Bergbau, als zur Schmelzkunst erfordert werden, die mancherley Geräthschaften, welche bey diesen Verrichtungen nöthig

sind

sind, haben alle ihre eignen auszeichnenden Benennungen erhalten. Was aber noch zu der Vermehrung der Kunstwörter das mehrste und zu der Verwirrung der damit verbundenen Begriffe nicht weniger beyträgt, ist die Verschiedenheit der Namen, damit man eine Sache anzeigen will. An einem Orte gebraucht man auch ein Wort von dieser und an einem andern Orte von einer andern Sache. Aus dieser Unordnung folgt nothwendig, daß, wenn man auch der Sachen kundig ist, solche doch unter dem ungewohnten Namen nicht kennt, und daß Anfänger irre werden müssen, wenn sie gleiche Sachen mit ungleichen Wörtern bezeichnet hören oder lesen und gleichen Wörtern ungleiche Begriffe beygelegt finden. Es könnte diesem Nachtheil nicht

besser

besser abgeholfen werden, als wenn man aller Orten gleiche Sprache annehme. Allein wann ist es zu erwarten, daß ein bey seiner Sprache und Arbeit alt gewordener Bergmann oder Hüttenmann eine neue Sprache lernen solte. Er wird nicht allein dabey bleiben; sondern alle nach ihm werden nach der örtlichen Gowohnheit reden. Es muß daher jeder, der diese Leute verstehen will, ihre eignen Ausdrücke wissen. Das beste Mittel dazu zu gelangen, ist das Reisen um den Unterricht von ihnen selbst zu holen. Hat man diesen aber nicht vonnöthen, so kann man den Entzweck selbst, weswegen man Hütten und Bergwerke besucht, weit bequemer und leichter erreichen. Es ist daher meines Erachtens ein Wörter-Buch, welches die vorzüglichsten Kunst-

wörter

wörter und Redensarten der Berg- und Hüttenleute erkläret, von grossen Nutzen und ich nehme nicht Anstand, gegenwärtiges, welches bis jetzt das einzige dieser Art ist, zu empfehlen. Es ist darin das Hauptsächlichste in möglicher Kürze vorgetragen. Man wird sich darin Raths erholen können, wenn man in Schriften unerklärte Ausdrücke von Bergwerks- oder Hüttensachen findet.

Es ist dies Wörter-Buch in zween Theilen verfaßt und ich bemerke, daß der erste Theil den Bergbau bis zur Ausförderung der Mineralien betrift, der zweyte Theil aber die Arbeiten, welche mit den Erzen vorgenommen werden, um Metalle daraus zu erhalten. Was von der Glas-

Arbeit

Arbeit und dem Münzwesen darin vorkommt, ist wenig und nicht die Hauptsache.

Diese Einrichtung scheint aus dem Grunde so getroffen zu seyn, weil das Bergwerk und Hüttenwesen seine besondere Liebhaber hat, damit ein jeder desto leichter die Ausdrücke und deren Erklärung, welche zu seinem Fache gehören, finden könne. Im ersten Theile sind bey den Umschreibungen der Kunstwörter die Bergmännischen Ausdrücke nicht alle vermieden. Allein dies darf den Leser nicht abschrecken, weil an andern Orten eben diese wieder deutlich gemacht sind. Er wird überdem hiedurch sich nach und nach an die gewöhnliche Sprache gewöhnen und dabey sie verstehen lernen.

Vorbericht.

Zum zweeten Theile sind die besten Schriftsteller unseres Zeitalters, ein Schlüter, Cramer, Lehmann, Henkel, Marggraf und andere zu Rath gezogen, welches dessen Werth vermehren muß und Empfehlung genug für dies Buch ist. Geschrieben Helmstedt den 1. Merz 1778.

Erster Theil
von
Berg-Werken
besonders
vom Bergbau
und
dazu gehörigen
Künsten.

Ab.

Abfall heißt, wenn die Erze sich ändern und im Gehalt geringer werden.

Abflauen ist bey Bergwerks Arbeit abwaschen.

Abflau-Fässer sind die Gefässe, worin das Erz von den plänen Zwillichen, worauf es sich gesetzt, abgewaschen wird.

Abgang nehmen ist beym Seiffen-Bergwerk in Arbeit gehen, oder wie es heisst, Schicht nehmen.

Abgenieselt, abgenutzt, verbraucht.

Abhütten, abköhlen, wenn man die Strossen und Befestigungen des Berges in der Grube fortgehauen und die Schächte und Strecken nicht mit hinlänglicher Verwahrung und Zimmerung versieht, sondern alles zu Grunde, oder wie es heisst, zu Bruch und Sumpf gehen lässt.

Abkehren, wenn der Arbeiter im Bergwerke nicht mehr an dem bisherigen Ort oder in der Grube oder Zeche arbeiten will, und seine Arbeit dem Steiger am Freytage aufsagt. Von einer Grube abkehren. S. Schweißwerig.

Abkennüß, von kommen, abkommen, wenn ein Nebengang vom Hauptgang abgeht, oder auch der Nebengang, welcher von einem Gange kommt. Abkennüß des Ganges.

Abköhlen s. Abhütten.

Abkommens von einem Gang, wenn ein Nebengang vom Hauptgang ab und ins Hangende oder Liegende setzt.

Ablauffen das Erz, heisst solches von dem Orte, wo es gehauen, wegholen, und unter den Förderschacht oder auf die Zuförderstrecke bringen.

Ablegen, so viel als abkehren.

Ablörschen, wenn die Bergleute sechs Ellen tief auf einem Gang niedersinken, und denn auf dem Gange ungleiche Strossen reissen, da denn der abgelieferte Raum ein Gelörsche heisst.

Ablösgen, Ablösung des Ganges ist, wenn der Gang sich durch eine Klufft oder sonst von dem Gestein absondert. Die Gänge haben gewöhnlich an den Sahlbändern ein Besteig, welches oft von weicher letiger Bergart ist, dadurch sie leicht vom Gestein abgelöset werden können.

Abnehmen das Geding, wenn die Arbeiter ihre verdungene Arbeit verrichtet haben, und der Geschworne solches für richtig erkennt.

Abpfahlen, wenn durch Hülfe der Markscheidekunst die in den Gruben bestimmte Ordnung der Gränze mit gewissen Pfählen am Tage bemerkt wird.

Abrichten, wenn der Zimmer-Steiger mit dem Sperrmaaß das Bühnloch und Anfall, darin der Stempel gelegt wird, recht abmisst.

Absatz eines Ganges, 1) wenn der Gang von seiner vorigen Richtung oder wie es heisst, seinem Streichen abgeht, und aus dem Hangenden ins Liegende, oder umgekehrt, fällt. Der Gang wirft denn einen Haken. 2) Wenn im weichen Gestein sich ein festes antreffen lässt, und durch selbiges gebrochen wird.

Abschied, Schied, Weisung ist der Ausspruch, den, bey entstandenem Vergleich in der Güte, der Richter, oder der sonst die Sache im Verhör hat, den streitigen Partheyen ertheilt.

Abschreiben, gewisse Berg-Antheile oder Kuxe dem vorigen Besitzer, auf dessen Namen sie geschrieben waren, abnehmen, dem neuen Eigenthümer zuerkennen, und auf dessen Namen in das Bergbuch und Gegenbuch einschreiben.

Abseigern, wenn man die Tiefe oder Teufe des Schachts mit einer Schnur abmisst.

Absetzen des Ganges, s. Absatz des Ganges. 2) wenn die Erze sich verlieren.

Absinken, abteuffen, wenn ein Schacht von einem Orte auf den Gang oder im Gestein in die Tiefe niedergearbeitet wird, um Anbrüche zu erlangen, oder bessere zu finden, oder der Wetter und Förderung wegen.

Abspännig machen, einen Arbeiter durch heimliche Ueberredung an sich locken.

Abstossen, ein Stück vom festen Gestein mit Gewalt absondern.

Abstrossen, den vorliegenden Gang mit Schlägel und Eisen stuffen- oder strossenweis gewinnen. Wenn nemlich der eine Hauer den obern Ort fortgehet, der andere aber den untern Theil oder die Strossen nachschläget und durchhauet. Siehe Strosse.

Abstuffen s. Abstrossen.

Abteuffen s. Absinken.

Abtrecken, Schlich, Erz, Rost u. d. gl. von dem Wagen abladen, abtragen.

Abtreiben, das durch Hülfe des Feuerssetzens oder sonst sich losgegebne Gestein in den Gruben losschlagen.

Abtreiben (ein) ist der Verbot und die Anweisung gegen eine Gewerkschaft wegen eines unberechtigten zu nahen Eingriffs in das Feld einer andern Gewerkschaft.

Abtritte sind die Absätze in den Schachten zu Ende der Fahrten, wovon wieder neue Fahrten anfangen. Zuweilen sind nach ein, zwey oder mehrern Fahrten solche Abtritte angelegt, worauf die auf- und niederfahrende Bergleute sich ausweichen, ausruhen, und beym unglücklichen Fall von der Fahrt hinab zu liegen kommen, welches doch nicht so gefährlich ist, als wenn sie gleich durch den ganzen Schacht stürzten. Man nennt sie auch Bühnen, Absätze und Wechsel. Man legt sie in Fahrschachten und Treibschachten an.

Abwägen einen Ort oder Stollen gegen den andern abmessen, um zu erfahren, wo sie gegen einander liegen. 2) Den Fall des Gebürges untersuchen, um berechnen zu können, wie hoch der Wasserfall werden kann. Es geschieht mit Hülfe der Wasserwage besonders zur Anlage eines Stollens, um ihm einen solchen Hang zu verschaffen, daß die Wasser genug abschiessen können, und der Schlamm sich nicht darin anhäuft.

Abziehen, markscheiden, wenn an einem Ort ein Schacht getrieben und in demselben vererbstuffet ist, die Grube so ausmessen, daß man am Tage auch den Ort, wo gearbeitet wird, angeben kann.

Abzie-

Abzieher, Markscheider, ein Berg-Bedienter, welcher die Grenzen und Reviere in den Gruben abmißt, und solche zu Tage bezeichnet.

Achtstündner sind die Bergarbeiter, welche um vier Uhr an ihre Arbeit gehen, oder anfahren, und bis zwölf Uhr, folglich acht Stunden dabey bleiben.

Alte ist schon an dem Ort gewesen, d. h. die Vorfahren haben das Erz schon heraus genommen.

Alte Gewerke sind diejenigen Interessenten, welche beym Bergwerke auf einer Zeche am längsten Zubusse gegeben haben, oder die zuerst eine Zeche zu bauen angefangen haben.

Alter haben, wegen zuerst geschehenen Findens eines Ganges und eingelegter Muthung das Recht zu einer Zeche haben.

Alter Mann ist ein ehemals gebauetes, aber jetzt gänzlich verfallenes mit Berg ausgesetztes oder ausgestürztes Feld. Wenn man durch das Gestein arbeitet und auf dergleichen Feld durchschlägt, so wird gesagt, wir haben einen alten Mann erschlagen.

Alter Mann in der Grube, d.h. von den Vorfahten hingestürzte, oder von eingefallnen Gezimmer im Verfall gerathene Grube oder vermulmte, verfaulte Berg. Diesen wegarbeiten ist auf den alten Mann bauen. In eine so verfallne Zeche durchschlagen ist im alten Mann durchschlägig werden.

Alter Vorrath ist was von einem Quartal zum andern auf der Zeche an Erz, Werkzeug und andern Dingen übrig geblieben ist.

Anbot. Wenn alte Gruben oder Gebäude wieder aufgenommen, und vom Wasser oder eingestürztem Berg gereinigt werden, man aber keine Kenntniß von den Gängen hat, welche ehedem in Arbeit gewesen sind, und also die Oerter und Strecken derselben in der Muthung nicht benennt werden können; so darf der Bergmeister nicht eher andern, welche solche Gänge zu Lehn begehren, sie verleihen, bis er sie den Gewerken, welche die Kosten zur Reinigung oder Gewältigung hergegeben, zuvor angeboten hat.

Anbruch ist, wenn man Erz von einem Ort oder Stroß wegnimmt und dergleichen daselbst noch mehr sitzen bleibt. 2) Man nennt auch Anbruch die frische Fläche, welche die zerschlagenen Erzstücke zeigen. 3) Ferner noch, wenn man einen Gang antrifft, der vorher nicht bekannt gewesen. Jenes wird auch frischer Anbruch, und dies neuer Anbruch genennt.

Andreas-Creutz machen die Gänge, wenn sie geschoben über einander setzen.

Anfahren, wenn die Bergleute an ihre Arbeit gehen. Dies wird nicht allein von den Gruben-Arbeitern, die auf den Fahrten zu ihrer Arbeit hinabfahren, gebraucht, sondern auch von den Arbeitern im Pochwerk und auf den Hütten.

Anfahr-Geld s. Hauer Gelder.

Anfahr-Schacht, Fahr-Schacht sind die seiger gerade oder schräg abgesunkenen Bergtiefen, durch welche sich die Grubenarbeiter auf den daselbst befindlichen Leitern oder Fahrten in die tiefsten Gebürge auf Strecken, Strossen, Feld- oder Füll-Oerter an ihre angewiesene Arbeit begeben.

Anfall, Anpfal ist in Schachten ein beschlagenes Holz, in der Mitte etwas ausgehauen, oder mit einem hölzernen Bühnloche versehen, darin der Trag-Stempel gelegt wird, daß er nicht weichen kann. 2) sind Anpfäle fünf bis sechs Spann lange Hölzer oder Bretter, so an das Hangende gelegt werden, worauf denn der Stempel getrieben wird.

Anfrischen. Wenn die Pumpen über dem Ventil die Wasser fallen lassen und nicht heben wollen, so gießt man oben Wasser hinein, damit sie wieder zum Heben gebracht werden, und hiedurch werden sie angefrischt.

Angeflogen, angeschmaucht, wenn auf Gestein gutes Erz so dünn und sparsam liegt, als wenn es darauf gestrichen oder angeworfen wäre.

Angelegte, angelogte Eisen sind aus zwey alten abgenutzten zusammen geschmiedete Berg-Eisen.

Angewäge s. Anweg Hölzer.

Anhängisch macht sich ein Gewerke, wenn er etwas Zubusse auf die Zubuß-Zettel abgiebt, und dadurch den Rest abzutragen sich anheischig macht.

Anhaspen, anhespeln die Fahrt, solche mit Haspen oder Hespen befestigen.

Anlagen sind alte Berg-Eisen, die durch vielem Gebrauch abgenutzt und unbrauchbar sind, und daher den Schmieden zur Verfertigung des Gezeugs gegeben werden.

Anlauffen ist mit der Sohle schief aufwärts fortarbeiten, daß die Sohle im Steigen bleibt.

Anlauten, wenn mit der Bergglocke die Zeit des Anfahrens durch Läuten gemeldet wird. Es geschieht schicht in den Bergstädten früh um drey und vier Uhr, Mittags um eilf und zwölf, und des Abends um sieben und acht Uhr. Damit aber dies viele Läuten nicht irre macht, so wird um 3. 11. und 7 Uhr eine Viertelstunde lang, um 4. 12. und 8 Uhr, aber nur sehr kurz die Glocke gezogen.

Anlaut-Geld ist der Gehalt für den Lautner oder Thürmer. Er muß dagegen jedesmal nach der Berg-Ordnung drey Schock Schläge thun.

Anlegen, Arbeiter annehmen und anweisen.

Anschänzen heisst so viel, als verfügen. So muß des Morgens, wenn die Bergleute beysammen sind, der Steiger anschänzen, daß sie beten und anfahren können.

Anschlagen heisst das Zeichen geben, wenn der gefüllte Kübel oder Tonne aus der Grube gezogen werden kann. Man ruft alsdenn entweder, oder pocht mit einem Hammer an. Der dies jedesmal verrichtet, ist der Anschläger.

Anschlag halten geschieht, wenn alte Zechen wieder aufgenommen werden, und gleich nach dem Bestätigen eine Nachricht oder Brief öffentlich angeschlagen wird, darin die aufgenommene Zeche und die anzulegende Zubuß angezeigt wird, damit, wenn etwa alte Zubuß-Gewerke, die ehedem die Zeche betrieben, ihre Theile in die nun angelegte Zubuß von neuem mit bauen, und solche binnen vier Wochen darbringen wollen, diese sich dazu bey Zeiten melden können.

Anschneiden, die wöchentliche Rechnung ablegen und

Anschnitt, wenn der Schichtmeister in Gegenwart des Steigers am Sonnabend beym Bergmeister

ster über die Bergkosten Rechnung ablegt, und sie vorliest, damit die Ausgaben untersucht, von dem Geschwornen aufgezeichnet und wegen anderweitiger Nachricht aufbewahrt werden können. Diese Benennung rührt noch von der alten Gewohnheit her, da alle Ausgaben auf Kerbhölzer angeschnitten wurden.

Anschützen ist beym Kunstzeuge, wenn solches stille gestanden, die Wasser wieder aufschlagen, daß die Räder umgehen, und die Kunst wieder in Bewegung kommt.

Ansetzen, das Eisen, womit gearbeitet wird, auf das Gestein setzen, und arbeiten. 2) Ansetzen der Erze, wenn solche vor oder an dem Ort, wo gearbeitet wird, beständig bleiben.

Ansitzen, einen Ort zu treiben oder bearbeiten anfangen. Vor einen Ort ansitzen ist eben das. Diese Redensart hat ihren Ursprung daher, weil die Hauer ihre Grubenarbeit gewöhnlich sitzend oder kniend verrichten.

Ansitzer, der den Ort zu treiben anfängt, nemlich der Gruben-Arbeiter.

Anstecken, wenn man in einem Gebürge, das leicht einfallen kann, als im alten Mann, zu bauen anfängt, und solches mit Pfälen verbauet, daß es nicht einfällt. Mit Gerrieb anstecken sagt der Bergmann.

Ansteck-Kiel ist eine angebohrte Röhre, die im Kunstzeuge unter dem Steckel-Kiel gebraucht und unter dasselbe angesteckt wird, damit man im Gewältigen weiter in das Wasser kommen kann. S. diese Wörter.

An-

Anstossen, das vor dem Orte zum Losbrennen der Erze gesetzte Holz anzünden.

Antragen, verfertigte Zimmerung haben.

Anwäghölzer, Angewäge sind die starken Hölzer in den Radstuben über den Schrot, darauf die Zapfen-Hölzer oder Klötzer liegen.

Anwell-Druhe, das Stück Holz, worauf die Rad-Welle aussen in der Radstube liegt.

Anwell-Stock, das Stück Holz, worauf die Welle inwendig mit ihrem Zapfen liegt.

Arbeiten vorm Ort, wenn der Bergmann in der Grube vor einen Stollen, Feld-Lang-Ort, oder Querschlag arbeitet.

Arbeiter inne behalten, den Lohn wegen ermangelter Arbeit zurück lassen.

Arbeiter inhalten, den Lohn des mangelden Arbeiters einnehmen und nach der Schicht die Arbeit mit versehen, daß die Treiben in der gehörigen Zahl doch geschehen können. Zu einem Treiben werden 3 Arbeiter paßirt.

Arbeiter werden ausgetrieben, die Arbeiter müssen ihre Arbeit in der Grube verlassen und abkehrig werden, wegen zu vielen Wassers oder bösen Wetters u. d. gl.

Arm, ein beschlagenes Holz in der Welle oder Walze am Geschleppe, in welchem das Stangen-Eisen mit einem Heng-oder Steck-Nagel befestiget ist. 2) die Hölzer im Rade, so in der Welle stecken, und dem Rade die Hältniß geben.

Arschleder, Arsleder ist ein rund geschnittenes Leder mit einem Gurt, der um den Leib geschnallt wird, so daß das Leder den Hintern bedeckt. Es dienet zum Zierrath und zur Unterlage bey der Arbeit,

beit, die kniend oder sitzend verrichtet wird. Den Bergleuten auf den Arschleder sitzen heißt, wenn die Berg-Beamte ihnen fleißig nachfahren, und darnach sehen, daß sie ihre Arbeit recht verrichten.

Auf! Auf! schreyen geschieht 1) in der Grube oder unter dem Schacht, wenn der Anschlager den Kübel gefüllet hat, so schreyet er: Auf! daß die Haspel-Knechte es hören und zu ziehen anfangen. 2) wenn einige Arbeiter entfernet wohnen, daß sie die Uhr und Glocke nicht hören können und des Morgens von den nechst vorübergehenden durch Auf! Auf! rufen geweckt und zur Arbeit erinnert werden. Solches ist in den Vorstädten der Bergstädte sehr gewöhnlich.

Auffahren, wenn die Arbeiter ihre Arbeit und Tagewerck verrichtet haben, da sie denn, wenn ihre Zeit um ist, auf den Fahrten hinauf steigen. 2) einen Stollen, Strecke oder Feldort nach gewißer Lachtermaaß in der Länge und Weite, Höhe und Tieffe durch Schlägel und Eisen erweitern.

Aufgethan ist das Gestein, welches sich vom festen Gestein ablösen will, und solches durch Risse, die es bekommt, zu erkennen giebt. Man sagt auch: das Gestein hat sich gezogen, oder es will sich von der Veste lösen.

Aufheben den Lohn ist, wenn der Bergarbeiter seine Schicht nicht recht abarbeitet, und ihm daher etwas vom Lohn abgekürzt uud nicht zu gut geschrieben wird.

Auflaßen, auflässig seyn, wenn eine Grube oder Gebäude eingestellt und nicht weiter gebauet wird. Die Zeche ist auflässig geworden heißt, wenn die

die Gewercke keine Zubuße mehr geben, oder die Arbeiter nicht mehr arbeiten wollen.

Aufnehmen, eine Zeche begehren und muthen s. dies Wort.

Auf-Rechnung, wenn nach geschloßnem Quartal der Schichtmeister die Gewercken zusammen fodert und ihnen über Ausgabe und Einnahme die Rechnung vorlegt.

Aufsaubern, die gewonnenen Erze und Berge oder Gestein vor dem Arbeits-Ort wegschaffen. Der das kleine Erz wegschafft, und vor der Sturz, wo das Erz hingeschüttet wird, auflieset und samlet, heisst der Aufsauberer.

Aufschlagen den Lohn, wenn der Schichtmeister oder Zehendner nicht völlig bezahlen kann, und den Arbeitern etwas Lohn schuldig bleibt.

Aufschlag-Wasser ist das Wasser, welches auf die Wasserräder geleitet wird, und indem es über solche wegstürzt, sie durch seinen Fall umtreibt.

Aufsetzen, die Ruhestunde zu Mittag von eilf bis zwölf Uhr halten, welches nur von den Zwölfstündnern, Poch- und Scheide-Jungen verstanden wird.

Aufsetz-Stunde, Ruhestunde, s. Liegestunde.

Auftragen, den Schacht höher machen. 2) Seil auftragen, dasselbe um den Korb machen.

Ausbeute ist was die Gewerken nach Abzug der Zubusse an Ueberschuß über ihre verwandten Kosten haben.

Ausbrechen, auf einen überfahrnen Gang weiter fortbrechen und Erz hauen.

Ausfahren, Schicht oder Feyerabend machen, sich aus der Grube nach Hause begeben, und Ruhestunde halten.

Aus-

Ausfördern, aus der Grube am Tage etwas herausschaffen.

Ausgehende ist des Ganges Ende am Tage. Heißt der Schweiff des Ganges. Wenn die Bergleute röschen, und das Ausgehende des Ganges berühren, so sagen sie, wir sind auf den Schweiff kommen. Beym schwebenden Gange oder Fletz findet man zwey ausgehende Enden.

Ausgehen des Ganges ist, wo sich der Gang zuerst unter der Damm-Erde im Gestein erzeuget. Einige führen einen gefärbten Schweiff in der Damm-Erde.

Ausguß ist ein Schlauch oder ausgehauenes Stück Holz, dadurch das Wasser aus den Pumpen fliesst.

Aushalten, Berg vom Erze absondern und zum Gebrauch verwahren.

Auskeilen, wenn die Anbrüche sich verlieren, als wären sie mit Fleiß ausgekeilt. Der Berg keilt den Gang aus ist, es findet sich statt Erz tauber Berg im Gange. Dergleichen Berg heißt denn Keilberg.

Auskörnen, das beste vom geringern absondern.

Ausklauben, von den guten Erzen die Berge auslesen.

Auslängen, einen Ort neben oder auf einen Gang oder durch Quergestein treiben. 2) wenn man einen Schacht niedersenkt und in einer Strosse Erz antrifft, so geht man auf solcher Spur fort, man längt aus uud treibt einen Ort, den man Läng-Ort heisst. 3) Ortweise vom Hauptgange auslängen heisst, einen Ort vom Hauptgange nach zufälligem Geschicke treiben. Siehe Geschick.

Auslauffen, die Erze oder Berg, welche aus der Grube gefördert sind, und nicht gleich bey der Hänge-Bank ausgestürzt werden können, in den Karn schütten, die Erze an ihren Ort und die Berge über die Halde fahren und ausstürzen oder lauffen. 2) Ein gleiches geschieht in der Grube, wenn etliche Schächte unter einander sind, und eine Strecke vor der andern, daß man das herausgezogene von des einen Schachts Hängebank zu des andern Fall-Ort auslauffen muß. 3) heisst auslauffen, Wand-Ruthen und Anfälle aushauen, daß der Stempel-Zapfen darin kann getrieben werden.

Auslauf-Karn ist der Schiebkarn, darauf das aus der Grube gewundene Erz und Berg aus der Kaue oder vom Haspel auf die Halde geschafft, oder ausgelauffen wird.

Auslausen s. Auslauffen. n. 3.

Auslochen, wenn die Bergleute mehr unter der Oberfläche des Gebürgs, näher unter dem Rasen, als in der Tiefe oder Teufe Erz gewinnen oder bauen, so sagt man, sie lochen die Erze nur in Tag-Gehängen aus.

Auspochen, wenn zur Zeit der Ausfahrung ein dazu bestellter Bergjunge die Losung in der Grube giebt, da denn der nächste Hauer, der es hört mit dem Fäustel ans Gestein schlägt, und immer weiter der nächste dem folgenden dies Zeichen mittheilet, daß sie ihre Arbeit endigen, oder Schicht machen und ausfahren, oder vom Schlägel fahren sollen.

Ausrichten den Gang, ihn zuerst finden. 2) den im Schacht hangen gebliebenen Kübel oder Tonne, oder Holz losmachen. Derjenige, so dies zu verrichten hat, ist der Ausrichter.

Ausrichter des Ganges ist der Finder desselben, der ihn zuerst entdeckt hat.

Ausschlagen, die zu Tage heraus geförderten Gänge zerschlagen, Erz vom Berg absondern.

Ausschlag = Fäustel ist ein etliche Pfund schwerer eiserner Hammer unten viereckig breit, oben zugespizt, womit das Ausschlagen geschieht.

Ausschram ist eine zähe, schmierig lettige Bergart, die sich vor dem Ort befindet, zerbrechlich und leicht wegzubringen ist. Heißt auch Besteg s. dies Wort.

Ausschürffen. Wenn man beym Graben unter dem Rasen und der Damm = Erde einen Gang oder Erz angetroffen, so heißt es ausgeschürfft.

Ausstürzen, das in Kübel oder Tonnen ausgeförderte, oder in Karren ausgeführte ausschütten.

Austheiler ist diejenige Person, dem der Zehendner die Ausbeute übergiebt, daß er solche den Gewercken nach Verhältniß ihres Antheils gegen Quitung auszahlen soll.

Austonnen den Schacht, heißt denselben mit Brettern ausschlagen, daß Tonnen und Kübel daran desto beßer auf und niedergehen können.

Austreiben. Wenn eine Gewerkschaft der andern Felde mit Arbeiten zu nahe kommt, und in das ihr nicht zugehörige Feld anschlägt, so wird auf eingegebene Klage und nach geschehener Besichtigung vom Berg = Amt auf gerichtliches Gutbefinden den Beklagten anbefohlen und zuerkannt, unter Wiedererstattung des Schadens, wenn schon Erz gewonnen und zu gut gemacht ist, mit der Arbeit bey bestimmter Straffe einzuhalten und in einem andern Ort vom Felde des Beklagten wieder zurück zu arbeiten, dies heißt Arbeiter austreiben.

Auswechseln, statt des anbrüchigen, verdorbnen Holzes der Zimmerung frisches einziehen.

Auswechsel-Hauer ist der Berg-Arbeiter, welcher besonders zur Zimmerung vom Steiger gebraucht wird.

Axt stauchen, die Axt ausschmieden.

B.

Bahne ist das breite, oft verstählte Ende an den Fäusteln.

Bart ist ein schlecht Scheit Holz, welches mit einem Schnitt-Messer an beyden Seiten angeschnitten wird, also daß lange krumme dünne Späne daran hangen. Es werden einige davon zwischen das Holz beym Feuersetzen gesteckt, damit solches desto eher in Flamme kommen, und das Erz losbrennen soll. 2) Ein Stück Holz oder Büschel, welches der Stürzer oben am Schacht an die Tonne steckt, um dem Aufschläger in der Grube ein Zeichen zu geben, daß die Zahl des Treibens voll sey. 3) Gang setzt einen Bart, wenn man durch das Schlemmen findet, daß der Gang Erz enthält. Bart ist das schwere Erz, welches im Sicher oder Seiger-Trog zurück bleibt, wenn der leichte Berg abgespült ist. S. Sichern.

Bauch wirft der Gang, wenn der Gang mächtiger wird, sich aufthut.

Bauen. Z. E. ich baue auf der oder jener Zeche ein oder mehr Kuxen, d. i. ich habe auf der Zeche ein-

ein- oder mehrmal den 128ten Theil auf Gewinn und Verlust übernommen. 2) wenn ein Gebäu mit Arbeitern belegt ist. 3) bauen im Tiefsten, in Firsten, heisst die Arbeit sehr in der Tiefe oder sehr nahe an der Damm-Erde treiben.

Bauer-Ertz, ist Erz, dessen enthaltenes Metall sich leicht zu erkennen giebt, als beym gediegnen Silber-Erz zu Andreasberg.

Bauhaft halten, die Berg-Gebäude, Fund-Gruben, Maassen, Schachte, Stollen u. s. w. mit Handarbeit belegen, und so im Bau erhalten, daß der Gewerke und des Grundherrn Vortheil beobachtet wird. 2) wenn in einem Gebäude, welches wegen Hindernisse nicht völlig kann belegt werden, doch noch wöchentlich zwey oder drey Schichte gearbeitet werden, damit solches nicht ins Freye fällt, welches geschieht, wenn gar nicht darin gebauet wird.

Behauen, mit Schlägel und Eisen versuchen, wie es sich auf Gesteine und Gänge arbeitet. 2) von Gängen etwas abstuffen.

Beil-Geld ist auf Sächsischen Bergwerken, wo die Gewerke für die Steiger und Untersteiger die Beile und Kuh-Kämme halten müssen, das unter die Schmiede-Kosten deshalb verschriebne Geld. Dies betrug sonst quartaliter 12 Ggr.; jezt aber sind nur 8 Ggr. zugelassen.

Belegen, in einer Zeche oder Gebäude arbeiten lassen. 2) in einer Zeche an einem gewissen Ort die Arbeiter anweisen; da sagt man, dieser Schacht, dieser Stollen, diese Strecke ist belegt, wenn darin gearbeitet wird.

Belege-Zettel, damit muß der Schichtmeister alle Materialien belegen und beweisen.

Belehnung, Verleihung, Bestätigung ist ein Schein aus dem Bergbuch, daß der Lehnträger gemuthet, sich verleihen und bestätigen lassen.

Belittern, wenn in einem Schacht die Leitern oder Fahrten eingehangen werden.

Berg ist alles, was weder Erz noch Stein enthält, weich ist und los gewonnen wird, oder von selbst abfällt, und neben den Gängen steht, 2) auf dem Unterharz das kleine und gröbliche Erz.

Berge sollen alle zu Tage ausgeführt werden, das heißt, so viel ohne Hinderniß der Förderung geschehen kann, auf ordentliche und starke Kasten mit Vorbewust der Berg-Beamten gesetzt werden. Wenn ein Steiger oder Arbeiter ohne Vorwissen des Bergamts in die Schächte, Strecken und Oerter den Berg stürzet, so wird er nach der Berg-Ordnung dafür gestraft.

Bergamt (Ober-) ist das Gericht, welches in Bergwerks-Sachen die höchste Gerichtsbarkeit hat, und alle darin vorfallende Streitigkeiten schlichtet, auch das Beste der Bergwerke zu besorgen hat. Es wird alle Sonnabend gehalten, und besteht aus dem Berg-Hauptmann, Vice-Berg-Hauptmann, Bergrath und Ober-Berg-Amts-Verwalter.

Berg-Amtsbücher sind vorzüglich 1) Verleih-Lehn- oder Bestätigungsbuch, 2) Frist- und Nachlassungsbuch, 3) Gegenbuch, 4) Receßbuch, 5) Contractbuch, 6) Handbuch, s. diese Wörter.

Berg-Austheiler muß alles Geld, was von den

Zechen

Zechen im Zehenden einkommt, vom Zehendner abfordern und in Empfang nehmen, wovon er das seine gleich zu sich nimmt, und das andere vertheilt, wie es in dem Anschnitt beschlossen ist. Er soll aber von Niemand etwas begehren, noch Geschenk und Gaben nehmen.

Bergbau, darunter versteht man überhaupt alle Bergarbeit.

Berg-Beamte, Bediente, deren Nahmen, Rang und Ordnung nachfolgende: 1. der Berg- und Vice-Berg Hauptmann, 2. geheime Berg-Rath, 3. die Berg-Räthe, 4. der Ober-Berg-Meister, 5. Berg-Meister, 6. Zehendner, 7. Zehend-Gegen-Schreiber, 8. Austheiler, 9. Berg-Schreiber, 10. Berg-Gegen-Schreiber, 11. Ober Geschworner, 12. Geschworner, 13. Nachfahrer, 14. Schicht-Meister, 15. Berg-Steiger, 16. der Erste von der Knappschaft, Berg-Aelteste 17. der Jüngste von der Knappschaft, Berg-Jüngste, 18. die Berg-Hauer, 19. die jüngern Bergleute, 20. Hundschlepper oder Karrenläuffer, 21. Haspel-zieher. Nach dem Berghauptmann werden sie in zween Klassen getheilt. Denn einige gehören zum Berg-Amte, andere haben keinen Antheil daran, sondern dienen außer demselben entweder mit Schreiben und Rechnen, oder mit Hand-Arbeit. Jene Klasse macht die Ober-Officier, diese die Unter-Officier aus. Eine andere Abtheilung ist, da die Officier von der Feder oder vom Leder sind. Jene haben nur mit Schreib- und Rechnungs-Sachen, auch was zur Gerichtsbarkeit gehört, zu thun; diese dirigiren den Bergbau und ordnen die Arbeit der Bergleute an, als Bergmeister und Geschworne.

Berg-Compaß s. Compaß.

Berg-Eisen ist ein Instrument von Stahl oder Eisen und verstahlt, mit einer Spize, die der Ort heißt, gleich einem Spiz-Hammer, welches zur Gewinnung des Erzes und festen Gesteins gebraucht wird, indem man die Spize auf das Erz ansetzt und mit dem Fäustel darauf schlägt. Aus einer Stange Stahl von 14 — 16 Pf. werden 24 — 25 Eisen gemacht und aus einer Wage Eisen 40. Berg-Eisen und Fäustel nennt man zusammen Schlägel und Eisen.

Berg-Elteste ist der Vorsteher der Knappschaft, der so wohl auf die Ruhe und Zufriedenheit, Unterdrückung alles Murrens und Aufstandes, als auch darauf zu sehen hat, daß die Knappschaft nicht vervortheilt werde. Er muß bey Bemerkung der Unrichtigkeit es dem Berg-Hauptmann und in deßen Abwesenheit dem Bergmeister sogleich melden. Die Berg-Jüngsten haben eben diese Aufsicht zu ihrer Pflicht, und müssen dem Berg-Eltesten die Vorfälle anzeigen.

Berg-Feste oder Festung oder Vestung ist festes Gestein oder Erz, das bey mächtigen Gängen wie ein Pfeiler in der Mitte derselben stehen gelassen und nicht ausgehauen wird, damit die Grube eine sichere Haltung bekommt und nicht einschießt, oder zu Bruch kommt. Dergleichen Berg-Festen sind daher wohl in Obacht zu nehmen und müssen von den Geschwornen mit einer Stuffe bemerkt werden, damit sie nicht vorsätzlich zerhauen werden.

Berg-

Berg-Feuer sind kleine Flammen, wie Lichter, die sich des Nachts auf den Bergen sehen laßen, und von entzündeten Dünsten herstammen. Der gemeine Bergmann erwartet an dem Ort ihrer Erscheinung gute Anbrüche.

Berg-Gebäude ist so viel als Bergwerk, und die Grube, darin Erz gehauen wird. Man fährt durch Schächte und Stollen, ehe man in die Gebäude kommt.

Berg-Gegen-Schreiber hat die Berg-Gegen-Lohn-Vermeß- und Receß-Bücher unter Händen und trägt darin ein alles, was im Berg-Amt vorgeht. Er ist dem Berg-Schreiber an die Seite gesezt. s. Berg-Schreiber.

Berg-Geschworne sind beeidigte Männer, welche über gewisse Zechen die Aufsicht haben, den Arbeitern die Arbeit verdingen, anweisen und täglich Bericht abstatten.

Berg-Gezeug, Berg-Zehe ist alles Werkzeug, welches zur Gruben-Arbeit gehört. Eisen, Feustel, Schlägel, Treib-Feustel, Steck-Feustel, Bohrer u. s. w. S. jedes an seinem Ort.

Berg-Halle oder Halde ist der Ort, wo der aus den Gruben geförderte Berg ausgestürzt wird und liegen bleibt.

Berg-Häkel ist ein kleines, spiziges und schmales Beil mit einem langen und zierlich gearbeiteten Stiel, welches die Ober-Steiger und Geschwornen statt eines Stabes, als ein Zeichen ihres Berufs tragen.

Berg-Hauer ist ein erfahrner Berg-Arbeiter, der alle vorfallende Arbeit, schrämen, bohren und schießen wohl versteht, von Klüften und Gängen völlige

lige Kenntniß hat, Schlägel und Eisen wohl zu führen weiß.

Berg-Haspel, Horn-Haspel ist eine Winde, womit durch Kübel und Seil das in Gruben abgehauene Erz und Berg von den Haspel-Knechten heraus gezogen wird. s. Haspel.

Berg-Hauptmann ist der erste und vornehmste Bergbediente, dem die Aussicht über alle übrigen Bediente und das ganze Directorium über Bergwerk und Hütten vom Landesherrn anvertrauet ist. Er muß Friede und Gerechtigkeit handhaben, die Bergwerke und Bediente schützen, leztere zu ihren Pflichten anhalten, alle Mißbräuche und Unordnungen verhindern, Betrug und Untreu bestrafen, das gemeine Beste der Bergwerke, des Landsherrn und der Gewerke zu befördern suchen.

Berg-Henne heißt die geringe Kost von Käse und Brod und einer schlechten Wasser-Suppe.

Berg-Herr ist derjenige, dem das Bergwerk zugesteht, in deßen Grund und Boden es liegt, der Landesherr. Von diesem wird zur Aufnahme der Bergwerke erfodert, daß er ihnen und denen, die solche bauen mögligste Beförderung und Freyheiten genießen läßt; daß Berg-verständige Leute gesezt werden, welche eine wohlgegründete Berg-Ordnung abfaßen und über dieselbe unverbrüchlich gehalten werde; und daß nicht weniger zur Betreibung des Bergbaues und Aufsicht darüber tüchtige und rechtschaffene Leute angenommen werden.

Berg-Knapp ein junger muntrer Bergman.

Berg-Knappschaft ist die Gesellschaft derer, die auf Bergwerken zu arbeiten haben.

Berg-

Berg-Knappschaft halten ist eine feyerliche Zusammenkunft der Bergleute, die in einigen Berg-Städten alle 8 oder 10 Jahr gehalten wird, wobey die Bergleute mit Musik aufziehen, einigen christlichen Gebräuchen beywohnen, etliche Tage gespeiset werden und sich stattlich lustig machen.

Berg-Knappschafts-Schreiber ist derjenige, welcher die Büchsen-Pfennige und das sonst zur Knappschaft Gehörige unter den Händen hat, darauf Achtung zu geben.

Berg-Knechte sind diejenigen, welche mit der Winde Erz und Berg aus der Grube ziehn.

Berg-Kosten, dazu gehört aller zu Bergwerken oder Bergbau gehöriger Aufwand.

Berg-Kübel sind Behältniße von Holz mit Eisen beschlagen, darin das Erz und Berg mit der Winde aus den Gruben gezogen wird. Einmannischer Kübel, den ein Berg-Knecht winden kann, so auch zwey- und dreymannischer wozu zwey und drey Knechte gehören.

Berg-Lachter ist drey und eine halbe Elle lang.

Bergläuftig, nach Gewohnheit und Herkommen auf Bergwerken üblich.

Berg-Lauffen, das geförderte Gestein in einem Karn auf die Halde führen.

Bergleute heissen alle, die auf den Bergwerken arbeiten, so wohl in den Gruben, als Mühlen, Hütten &c. die in bergmännischer Tracht einhergehen, und ausser der Berg-Parte kein Gewehr führen.

Berg-Losung sind in den Gruben die weiten Räume, darin man die Berge, welche vom Verschrämen oder nachgeschlagenen Gängen kommen;

men, setzen kann, daß man sie nicht zu Tage ausfördern darf.

Bergmännisch bauen, ist vorsichtig die Gruben und Gänge bearbeiten, damit auch die Nachkommen noch Nutzen davon haben.

Bergmännische Quint-Essenz ist Hoffnung.

Bergmännisch seyn, sich nach den Sitten und Gewohnheiten der Bergleute richten.

Bergmännische Stuffe, eine Erz-Stuffe, die mit Schlägel und Eisen vom Gange abgehauen, und entweder von besondrer Güte oder äusserlicher Schönheit ist.

Bergmännle, Kobalt, Berg-Geist, Berg-Mönch, ein Gespenst oder Geist, dem Phantasie und Aberglauben das Daseyn gegeben haben. Es werden viele Geschichten vom ihm erzählt. Er soll in Gestalt eines Kindes, oder Mönches u. s. w. erscheinen, den Bergleuten nicht hinderlich seyn, wenn sie ihn zufrieden lassen. Man hofft von ihm die Anweisung guter Anbrüche in den Gruben, wo er erscheint. Indessen macht doch die Furcht vor diesem Hirngespinste, daß die Arbeiter die Gruben verlassen, und ein Gebäude auflässig werden muß.

Bergmann ist überhaupt das einzelne Mitglied der Gesellschaft der Bergleute, 2) besonders aber derjenige, welcher in der Arbeit noch die Fertigkeit eines Hauers nicht besitzt, und deswegen diesem nacharbeiten, und was er in Treibung der Strecken, Stollen und Oerter stehen lassen, nachhauen muß. Er wird ferner zum Ausschlagen der Erze vom Berg, zum Kasten schlagen, und Aussetzen der Berge darauf und zu dergl.

Arbeit

Arbeit gebraucht. 3) wird auch der ein Bergmann genannt, der in der Bergwerks-Wissenschaft groß und ein Bergbedienter ist.

Bergmeister ist ein Bergbedienter, der an des Lehns-Herrn statt die Zeche verleihet, und die Aufsicht über das Bergwerk hat, und die Streitigkeiten unter den Bergleuten schlichtet. Ober-Bergmeister soll auf die ihm untergebenen Berg-Beamte wachsam seyn, daß sie der Berg-Ordnung nach ihre Pflicht leisten, daß sie auch quartaliter beym Anschnitt und Schluß desselben erscheinen, und alles anbringen, was den unterhabnen Werken vortheilhaft seyn kann. Er muß selbst darnach sehen, daß die Arbeit in den Gruben auf das nützlichste betrieben werde, und dazu seine Befehle geben. Der Unter-Bergmeister ist die zweyte Person beym Bergwerk. Ihm wird alles, was zur Aufnahme des Bergbaues gereichen kann, zuerst aufgetragen, und er muß sorgen, daß solches in Ausübung kommt. Er muß die Klagen der Bergleute untersuchen, und gleich mit Sanftmuth entscheiden; alle Muthungen von Armen und Reichen annehmen, die Belehnung darüber nach Verlangen gleich hergeben, so auch Gewehr und Bestätigung; auch die Lage des Orts, wo ein neues Bergwerk angelegt werden soll, in Augenschein nehmen, damit die Gewerke nicht von betrügerischen Hauern hintergangen, und in Schaden und Kosten gesetzt werden, dadurch die ganze Gegend und das Bergamt in sehr üblen Ruf kommen könnte u. d. gl.

Berg-Mönch s. Berg-Männle.

Berg-Nachfahrer ist derjenige Bediente, welcher auf Befehl des Berghauptmanns, Ober- oder Unter-Bergmeisters auf alle Zechen, wohin sie ihn schicken, fahren, und auf des Bergmeisters und der Geschwornen Handlungen aufmerksam seyn, das ganze Gebäude in Augenschein nehmen und sehen muß, ob Geschworne und Steiger ihre Schuldigkeit erfüllen und die Gänge gehörig belegt sind: ob zum Nutzen der Gewerke mehr Erz gefördert und gewonnen werden könnte; ob auch geschickte Hauer, die ihre Arbeit verstehen, oder nach Gunst und Gaben ungeschickte Arbeiter angelegt sind; ob die Hauer ihren rechten Lohn bekommen. Von diesen muß er nach Befinden alles dem Berghauptmann melden, damit allem Betrug und Unwesen zeitig zuvorgekommen werden kann.

Berg-Ober-Geschworner muß mit dem Oberbergmeister wegen Berg-Angelegenheit öfters zu Rath gehen; auf alle Geschworne und Steiger Achtung geben, daß sie ihr Amt treulich verwalten. Die Geschworne müssen überhaupt treue und bergverständige Leute seyn, allen Betrug und Eigennutz gegen den Nutzen der Bergwerke und Gewerke aus den Augen setzen; alles vom Berghauptmann und Bergmeister ihnen anbefohlene ausrichten, damit die ihnen untergebnen Gebäude oder Zechen recht gebauet und fortgetrieben werden; täglich die Schächte, Strecken und Stollen durchfahren, und sich nachher wegen allen mit dem Steiger verabreden, damit nichts versäumet, noch dem Gebäude einiger Schade verursachet werde.

Berg-Ordnung, sind die Gesetze und Vorschriften, wonach sich die Bergbediente bey Führung ihrer Aemter zu richten haben.

Berg-Parte ist fast wie ein Beil, nur daß oben eine lange Spitze hinaus ragt, und ein zierlich ausgelegter Helm oder Stiel; meistentheils mit Beine. Diese tragen die Bergleute zur Zierde und statt ihres Gewehrs.

Berg-Rath (Geheimer) dessen Amt ist, daß er nach Erforderniß sich besonders mit dem Landesherrn wegen Bergwerks-Sachen unterrede, und seine Meinung darüber entdecke; wenn wichtige Verrichtungen im Oberbergamt vorfallen, daß er denn selbigem im Nahmen des Landesherrn mit beywohne und seinen getreuen Rath dazu gebe.

Berg-Rath. Berg-Räthe sollen allzeit bey Versammlung des Bergamts oder Berg-Schöppen-Stuhls zugegen seyn, und dafür sorgen, daß die Streitigkeiten der Bergwerke bald beygelegt und durch lange Dauer derselben den Werken kein Schade zuwachse, sondern des Landesherrn und der Gewerke Nutzen in alle Wege befördert, und Friede und Eintracht erhalten werde.

Berg-Richter ist an einigen Orten eine eigene Bedienung, um die Streitigkeiten unter den Bergleuten beyzulegen. Sonst verwaltet dessen Amt der Bergmeister.

Berg-Sänger sind Musicanten, in Bergmannstracht, welche mit Vocal und Instrumental-Musik aufwarten.

Berg-Schicht ist, wenn ausser der ordentlichen Schicht die Arbeiter bey der Weile die Berge auf Kästen in die Grube setzen und aufräumen.

Berg-

Berg-Schicht-Meister hat zu besorgen, daß die Zubußen zur rechten Zeit von den Gewerken eingefodert werden, womit er nicht über von 10 bis 11. ausbleiben soll. Wenn aber die Gewerke auch alsdenn diese nicht erlegen, so muß er der Ordnung nach die Kuxe retardiren und im Zehenden einliefern. Er darf bey schwerer Strafe nicht mehr aus den Zehenden erheben, als die unterschriebnen Anschnitt-Zettel ausweisen.

Berg-Schmiede sind diejenigen, welche alles zum Bergbau gehörige Eisen-Zeug verfertigen. Sie müssen sich nach einer vom Berghauptmann confirmirten Schmiede-Ordnung richten. Ihr Meisterstück ist ein Keil, eine Kretze, ein Kübel, Wasser- und Berg-Tonne zu beschlagen.

Berg-Schöppen-Stuhl ist ein in Meissen schon lange, wenigstens seit 1294. her, angeordnetes Gericht, wo die Urtheile im Namen Bürgermeister und Rath der Churfürstl. Sächs. alten freyen Bergstadt Freyberg abgefasset werden.

Berg-Schreiber soll dem Berg-Hauptmann und Bergmeister in der Schreiberey an die Hand gehen; dahin sehen, daß der Berg-Ordnung gemäß gehandelt werde, und die Handlungen dawieder dem Berg-Hauptmann oder in deßen Abwesenheit dem Berg-Meister anzeigen, welchem leztern er auch in billigen Dingen zu gehorchen schuldig ist; mit Vorwissen des Berg-Meisters dem Muthern, Lehnträgern und jedem Gewerken nach Verlangen aus den Berg-Büchern eine Abschrift zustellen von dem, was im vorigen Quartal berechnet ist. Wenn aber ein oder anderer vervortheilt ist, muß es der Berg-Gegen-Schrei-

Schreiber dem Ober-Berg-Amt anzeigen. Wenn auch jemand durch Betrug um seine Kuxe oder Berg-Theile gekommen, soll dieser sie ihm aus dem Gegen-Buch wieder zuschreiben, wobey er wohl zusehen muß, daß nichts unrecht, sondern ordentlich 128 Kuxe im Gegen-Buch eingeschrieben werden.

Berg=schüssig Erz, wenn Berg oder Gestein unter dem Erz eingesprengt sind.

Berg-Schwaden, Wetter, ist der Dampf, der in der Grube von Schweflichen, wäßrichen Dünsten entsteht. Wo in den Gruben gebrannt und geschossen wird, da trägt dies beydes zu Entstehung der Schwaden vieles bey.

Berg-Seile sind hänfene Seile oder eiserne Ketten, damit die Tonnen und Kübel in die Schächte gelassen und wieder mit dem Haspel oder Göpel heraus gezogen werden.

Berg-Städte sind Orte, welche mit vorzüglichen Freyheiten in Ansehung der öffentlichen Abgaben und des Handels versehen sind und aus verschiedenen öffentlichen und vielen Privat-Häusern bestehen, auf deren Grund in gesetzten Grenzen Bergwerke entstehen und betrieben werden, 2) vom Berg-Seegen erbauete, nach und nach an Grösse, Menge der Einwohner erweiterte und nach Maaßgaabe derselben mit Stadt-Fleken- und andrer bürgerlichen und Berg-Freyheit beschenkte Orte, in deren Grenzen Berg-Werke gebauet werden.

Berg-Steiger ist ein Bergbedienter, welcher in allen Schächten beym Ein- und Ausfahren der Berg-Leute zugegen seyn muß, damit die Hauer

zur

zur rechten Zeit einfahren und ihre Schicht richtig arbeiten. Er muß ihnen alle Schicht das Unschlitt zuwägen, imgleichen auch das Eisen-Gezähe und was davon nach vollendeter Schicht übrig bleibt, wieder zu sich nehmen und einschliessen, auch streng darnach sehen, daß beym Ausfahren nichts von reichen Erz oder Stuffen weggetragen oder verschleppt werde; und wenn er solche Untreue bemerkt, sie sogleich dem Geschwornen und dieser dem Berg-Amt zur Bestraffung anzeigen.

Berg stürzen heißt Erz oder Berg an einen Ort schütten.

Berg-Theile sind Kuxe, oder ganze, halbe und viertel, auch halbe viertel Schichten. Jede Gewerkschaft wird in 128. Kuxe, oder 32 Theile eingetheilt.

Berg-Trog, eine kleine Mulde, welche zum Erz-Einfüllen gebraucht wird, solches nachher in den Karn oder Kübel zu stürzen.

Berg-üblich, bey Bergwerken gebräuchlich.

Berg-Voigt ist an einigen Orten statt des Berg-Meisters.

Berg-Wand s. Wand.

Berg-Werke sind Oerter, wo Erze aus der Erde gewonnen werden, und zu dieser Absicht alle nöthige Anstalten vorgekehrt sind. Die Bergwerke bekommen oft den Nahmen von dem Metall, welches vorzüglich in ihren häufigsten Erze gefunden wird. Daher sagt man Gold-Bergwerke, Silber-Bergwerke u. s. w. nach allen Metallen und Halbmetallen. Da auch das Salz, als ein Mineral, wie Erz gewonnen wird, so hat man Salz-Bergwerke. Eben so ist es mit den Kohlen-Bergwerken. Die Allaun-Bergwerke liefern nur das Mineral, woraus nachher dies Salz erhalten wird, eben so die Vitriol- und Schwefel-Bergwerke. Die berühmtesten Bergwerke sind folgende: 1) auf dem Ober-Harz als die ältesten a) zu St. Andreasberge reiche Silber- und Bleywerke, b) zum Zellerfelde und Clausthal Silber- und Bley-Erz. c) bey Goslar der Rammelsberg Bley- Silber- Kupfer- Zink-Erze, Vitriol und Schwefelkies. 2) in Sachsen und besonders im Meißnischen Erz-Gebürge ist a) bey Freyberg Silber- Kupfer-Erz und Zwitter b) St. Annaberg beym Schreckenberge, ausser jene auch Farben Kobold. c) Schneeberg Silber- Kupfer- Bley- Kobold- und Wismuth-Erz. d) St. Georgenstadt und Schwarzenberg Silber- Kupfer- Bley-Erz, Schwefel und Vitriolkies, im Schwarzwasser Gold-Seiffen e) Marienberg wie vorige f) bey Altenberg g) Eibenstock h) Scheibenberg i) Wolkenstein k) Ehrenfriedrichsdorf werden vorzüglich die Zinn-Erze gewonnen. Diese Bergwerke geben auch verschiedene Edelgesteine. 3) Bey Belgern Allaun-Bergwerk. 4) Ilmenau Silber-Erz, Kupferschiefer. 5) im Saalfeldischen Kupfer- und Kobald-Erz. 6) im Mannsfeldischen Kupfer-Schiefer. 7) im Fürstenthum Anhalt gegen Harzgerode Silber- Kupfer- und Eisen-Erz. 8) in Hessen bey Frankenberg Kupfer-Bergwerke. 9) Schmalkalden Eisen- und Stahl-Bergwerk. 10) bey Arensberg Chur-Cölnisch Eisenstein. 11) Herzogthum Bergen gegen Siegen zum Wildberg Silber- Kupfer und Bley-Bergwerk. 12) zu Halle, Schwatz und Ratenburg in Tyrol viele Silber- Kupfer- und Bley-Bergwerke. 13) in Schlesien Gold- und Silber-Bergwerke zu Goldberg und Reichstädt, das Gold-Bergwerk bey letztrer ist der güldne Esel genannt. Jezt sind nur noch um Breslau Gold- Silber- Kupfer- und Bley- Erze und wenig Edelgesteine zu graben. 14) in der Schweiz bey Glaris auf dem Mörschen-Gebürge reiche Kupfer-Erze. Bey Basel Marcasit. Bey Bremgarten an der Emma, auch Rüß und Are bey Wangen wird Gold geseift. In Graubündten bey Jlanz und im Longnetzer-Thal Silber- Kupfer- und Bley- Erz. Jm Walliserlande um Sitten goldhaltiges Kupfer-Erz. Auf den Alpen bey Einsiedel Silber-Kupfer-Erz, Schwefel und Vitriolkies. 15) In den böhmischen Vorgebürge zur Stadt Eger Kupfer-Bergwerk. Um Schlacken-Walde Zinn- Bergwerke, Hüttenberg Silber-Kupfer-Erz, S. Jochimsthal Silber- Kupfer-Kobald-Zinn-Erz und Eisensteine, leztere vorzüglich. 16) in Ungarn a) zu Cremnitz Gold-Silber- Kupfer- Bergwerk, b) Schemnitz Gold, Silber, Bley, Kupfer. c) Alt- und d) Neusol Kupfer- Silber, Gold- Bergwerk. e) Um Caschau und Emperies Silberbergwerk. 17) in Dalmatien bey Apollonia vor diesem das berühmte Bergwerk, dessen Erz wieder gewachsen. 18) Bey den Wallachen reiche Gold-Seiffen. 19) Tartarey zu Casan Silber- und Kupfer-Bergwerke. 20) Schweden in Smaland

land Silberbergwerk. Stolberg reiche Silber-Erze. Beym Mäler-See Kupfer und Eisen. Bey Kroket Eisenbruch, woraus das Eisen zum Stück-Giessen kommt. Dahler-Gebürge schön Kupfer-Erz, Eisenstein und Kieß. 21) in Norwegen um Christiania Silber- und Gold-Erz. 22) in Frankreich sind Gold- und Silbergruben auf dem Gebürge Saut, die in Languedoc in der Baronie de Regues bey Narbonne, wie auch in der Provence bey Toulon im Gebürge Tarquaireme berühmt. 23) in England in Cornwall bey Fruw in Pensans das berühmte Zinn-Bergwerk. Auf der Insel Wight Silber- Kupfer- und Bley-Erz. An der Küste gegen Bristol Bley- und Kupfer-Minen, die nicht benutzt werden. 24) in Irrland reiche Silber-Erze gegen Kingsale. 25) in Italien ohnweit Turin Kupfer-Erze mit Gold. In Vallensasco im Mayländischen Goldkies. 26) in Asien auf der Insel Sumatra das Bergwerk Sillidasen Cambanya Silber- und Gold-Erz. 27) in America in Peru Gold- und Silber-Minen. Zu Porosi auf dem Berge Arazaßon Silber-Bergwerk. In Pensylvanien Goldkies.

Bergwerke rege machen, erregen, heißt solche auskündigen, erfinden und aufbringen.

Bergwerks-Gezäu oder Zehe oder Gezäh oder Gezeug, oder Werkzeug, dazu gehören alle Instrumente, die man zum Schürfen, Röschen, Stollen, Schächten, Strecken, Hornstätten ꝛc. gebraucht, als kleine und große Peuschel, Handfäustel, Bölz, Federn, Keil-Fimmel, Ritz-Eisen, Keil-Haue, Kratzen, Brechstangen-Scheide-

Scheide- und Puch-Hämmer, Erz-Quetscher, Gruben-Lichter, Gruben-Scheerer, Compaß, Unschlitt-Taschen, Erz-Tröge, Lauff-Karren, Kübel, Tonnen, Seil, Pfütz-Eimer und Pfendel, Wasser-Zober, Fahrt und Fahrt-Haken, und mehr Gezeug zur Auszimmerung der Schächt und Stollen, wenn z. E. die Bergleute den Rundbaum, Pfulbaum, die Tumhölzer legen, und Haspel-Stützen setzen, darauf ein Tonnenfach schlagen, die Fahrten anhaspen, Tage-Stempel und Jöcher legen, mit Einstrichen verpfänden, mit Spritzen und Pfählen verschiessen, und, wo es Gespreng hat, Werk-Stempel legen, und bey Fassung der Stollen Thürstöcke und Kappen darauf setzen, Treckwerk schlagen, Gerinne und Gestänge legen, Sumpf und Kasten schlagen, Künste hangen oder in Göpeln über die Richt-Schacht richten, und was sie ferner im Geschenk und vorm Ort nöthig haben. Ferner wenn sie sinken, versümpfen, zuführen, und vor oder über sich brechen, auslängen, Querschläge machen, Hornstätt brechen, verschrämen, ritzen, oder Wand werfen und Erz nachschlagen, den Berg zu Seil schicken, zu Tag ausfördern, Erz ausführen, scheiden und puchen wollen. S. alle diese Wörter.

Bergwerk zu Sumpf treiben, wenn die Grube oder Zeche so verdorben wird durch Unredlichkeit oder Unvorsichtigkeit beym Arbeiten, daß sie unbenutzt liegen bleiben muß.

Berg-Zehe s. Bergwerks-Gezäu.

Berg-Zehendner ist ein Bergbedienter, dessen Verrichtung darin besteht, daß er alle einkommende

mende Silber und andere Metalle, welche Zehnden geben, einnimmt, dem Landesherrn und Gewerken richtig berechnet, ohne Eigennutz dabey zu suchen; wöchentlich beym Anschnitt ist, und seine Rechnung darlegt; in den Hütten bey Abwägung des Kupfers, Bleyes, der Glötte zugegen ist, und solches dem Factor zuschreibt, damit aller Betrug verhütet wird.

Berg-Zehendners-Gegenschreiber ist der Bergbediente, welcher das in den Zehenden gelieferte richtig in das Gegenbuch tragen, und alle Auszüge und Rechnungen sorgfältig einschreiben muß, damit im Zehenden kein Betrug vorgehen kann.

Bericht bringen geschieht täglich von allen Kunst- und Gruben-Steigern, wenn sie dem Berg-Meister berichten, wie es mit Künsten, Graben und Teichen rc. in und ausser den Gruben steht.

Beschlagen, das Bauholz hauen, daß es aus der Rundung viereckig wird.

Beschürfft, so viel, als ausgerichtet, s. Ausrichten.

Bestätigen, wenn der Bergmeister am Verlehn-Tage dem Lehn-Träger sein gemuthetes Feld in Lehn reicht, und solches ins Lehnbuch mit seinem besondern Namen eingeschrieben wird.

Bestege, Besteige, eine lettige Bergart, welche oft allein Gang- und Kluft weise, oft zwischen Gängen und Gestein, oft mitten im Gang bricht. Findet es sich vor einem Arbeits-Ort, so heisst es ein Ausschram, weil es leicht wegzuräumen und zu gewinnen ist.

Beweis vom Vater her. Wenn ein älterer Belehnter den jüngern aus seinem Felde, von seinem

Orte, und Gänge abtreiben will, so muß der ältere vom Vater her, d. h. von dem Orte her, wo er zuerst seinen Gang erschürfft und gefunden hat, bis an den streitigen Platz mit offenen Durchschlägen beweisen, daß es derselbe rechte Gang noch sey.

Bey-Lehn, die nach dem Haupt-Lehn aufgekommnen Gebäude und Zechen.

Bleuel, ein Stück Holz, so in den krummen Zapfen und in die gebrochne Schwinge sich ziehet.

Bleuel-Eisen wird vorn am Bleuel fest genagelt zu beyden Seiten, hat ein rundes Loch, dadurch in der Schwinge der Häng-Nagel, welcher auch zugleich durch das Stange-Eisen geht, gesteckt wird. 2) der Zapfen am Runnebaum, daran das Haspelhorn befestigt wird.

Bley-Zapfen sind runde Eisen, auf einer Seite breit, welche in den Runnebaum gesteckt werden, daran Erz und Berg aus dem Schacht gezogen werden.

Blinde Muthung ist ein Muth-Zettel, daran weder Gang noch Ort des Gebirges benannt ist.

Blinde Namen führt der Schichtmeister, wenn er auf gewisse Arbeiter Lohn fodert, die doch nicht wirklich auf der Zeche anfahren.

Böcke an den Feld-Künsten sind Hölzer, die neben einander in der Erde stehen, und oben mit einem Helm, auf welchen der Steg liegt, zusammen gehalten werden.

Böse Wetter, so viel als Bergschwaden, der der Gesundheit nachtheilig ist, und das Arbeiten in den Gruben verhindert.

Bohrer ist ein auf dreyviertel Lachter langes Stück

Eisen

Eisen, von der Dicke von zwey Stab Eisen, vorn mit einem viereckigten stählernen Kolben, da an die Ecken von der Rundung des Eisens vorgehen und zwar in eben der Länge, als der Kolben dick ist, übrigens ragt unten an der Mitte des Kolbens eine viereckige kumpfige Spitze vor. Man bohrt Löcher damit in das Gestein, welches durch Schiessen gewonnen werden soll.

Bohr-Feustel ist ein grosser Hammer, damit bey dem Bohren auf den Bohrer geschlagen wird, ihn in das Gestein hinein zu arbeiten.

Bolzen, auf dem Bolz stehen, zusehen und lauren, ob jemand von den Berg-Beamten komme.

Brechen, über sich brechen, von unten hinauf über sich in den Firsten arbeiten.

Brech-Eisen, Brech-Strange, Geiß- oder Küh-Fuß ist ein unten etwas krum, wie ein Ziegen-Fuß, gebogenes Stab-Eisen, damit die Wände in den Gruben losgestossen und herein geworfen werden. Man hat große, mitlere und kleine.

Breite des Ganges erstreckt sich von einem Saalbande zum andern in der Quere, und wird nach den Lachtern bemerkt, da denn einige ein und mehr Lachter, andere ein halb oder ein viertel Lachter, auch wohl nur einige Zoll breit sind. Jene heissen mächtige, diese schmale Gänge.

Breiten Weilhau oder Lettenhau ist eine zwey Finger breite Berghaue, damit das lettige Gebürge losgehauen wird.

Bruch, wenn das Gestein in den Gruben oder Gebäuden los wird und zusammen über einem Haufen fällt.

Bruch-Ort ist eine Strecke, die durch dergleichen zusammen gefallenes Gestein getrieben wird.

Brust, zubrüsten, wenn man an dem Gestein einen unebnen Ort weggestuffet hat, daß man mit dem Bohrer ein Loch machen kann, und das Abweichen des Bohrers nicht befürchten darf, oder daß die Keile desto besser haften.

Bühne sind starke Stangen oder Bretter, welche wie eine Brücke auf die angetriebenen Quer-Stempel unter die Schächte gemacht werden, damit man desto sichrer und beßer darunter arbeiten kann. 2) Bühnen im Schacht sind Absätze, um die Fahrten beßer anzuhespen und das Fahren zu erleichtern, da hierauf die Bergleute abtreten uud ruhen können.

Bühn-Löcher sind die ins Gestein gehauenen Löcher, welche dazu dienen, daß die Stempel gewiß liegen und nicht wanken können, 2) die in Anpfählen ausgehauenen Spuren.

Bühnen, Schacht zubühnen, ist einen Schacht mit Schal-Holz zulegen, daß nichts hineinfällt.

Bünge, Pinge, ist die Grube auf einer Halde, die entsteht, wenn der Tag-Schacht verbrochen und eingefallen, sich wie ein Kessel gebildet hat und so weit zugelaufen ist. Diese zeigt an, daß die Zeche eingegangen ist.

Buse, Busse, Bose, Pause, ist eine Zeit der Arbeit in den Gruben und auch am Tage. Eine Tageschicht wird in drey solcher Busen eingetheilt, damit man jedem, wenn nicht ganze Schichte gearbeitet sind, den Lohn darnach bestimmen kann. An einigen Orten, ist die Schicht nur in 2. Busen eingetheilt s. Pause.

C

Caduciren, wenn jemandem seine im Retardat gestandene Kuxe aberkannt werden.

Compaß auf Bergwerken, Berg oder Gruben-Compaß, ist ein Instrument, welches mit einer Magnetnadel, der Abzeichnung der Weltgegenden versehen und in zweymal zwölf Theile, welche Stunden genannt werden, abgetheilt ist. Die Markscheider nehmen damit das Streichen des Ganges, in welcher Stunde nemlich solches ist, und messen die Vierung und Grenzen der Zechen damit ab, und können auch darnach sehen, ob die Oerter in der rechten Linie getrieben werden. Es giebt zwey Arten dieses Compasses, einen Setz- und einen Häng-Compaß. Der Setz-Compaß, hat eine Richtscheid, welches die Stunde des Streichens abschneidet, nachdem die Nadel recht auf den Strich nach Norden gebracht ist und man das Richtscheid gerade nach dem Streichen des Ganges richtet. Der Häng-Compaß hat kein Richtscheid, sondern die Nadel zeigt die Stunde an.

Compaß aufsetzen, heißt nach dem Compaß sehen, das Streichen des Ganges recht bestimmen zu können.

Creutz, ist oben im Göpel oder Göbel, welches dem Spieß-Baum die Festigkeit giebt, 2) in der Spindel, der wie ein Creuz gestaltete eiserne Zapfen auf dem Göpel. Er wiegt einen halben Centner und ist mit Stahl verwahrt. 3) zwey creuzweis in einander befestigte Hölzer, an welchen die Stangen-Eisen sind. 4) über den Schacht, daran die Kunst-Stangen, so in den Schacht schieben, geheftet sind.

Creutz-Bretter, sind Bretter, die Creutzweis unter die Berg-Tonnen geschlagen werden.

Creutz-Gänge, sind Gänge, welche quer durch einander setzen und gleichsam ein Creutz machen. Das Creutz rückt in der Teuffe mit fort, sagt man, wenn die sich quer durchsetzenden Gänge beysammen bleiben und sich in die Tieffe ziehen.

Creutz-Klüffte s. Klüffte.

D

Dach, ist das Gestein über den Gängen, welches zwischen der Damm-Erde und dem Gang liegt. Heißt auch das Hangende.

Damm-Erde, ist Rasen und lose Erde von Tage nieder bis auf das feste Gestein oder die Grenze.

Don-Fach oder Tonn-Fach, eine Länge von 6. Ellen, dergleichen ein Brett hat, das in Schächten angeschlagen wird.

Don-Latten oder Tonn-Latten sind Latten, welche in Schächten angeschlagen werden, daß die Tonnen daran schleppen können.

Don-Lege oder Tonn-Lege, ist das Flach- oder Schregfallen des Ganges, wenn er nicht seiger, sondern ins Hangende oder Liegende sich stürzet, oder flach überhengt. Er wird dann Donlegigt oder Tonnlegigt genannt, weil die Tonne beym Auf- und Niederbringen aufliegt.

Donleger Schacht, ein schreger Schacht, der Hengendes oder Liegendes hat.

Donlegigter Gang, ist der von 60. bis 80. Grad fällt.

Don-

Donleg-Linie, eine flache Schnur, die nach des Ganges Fallen gestreckt wird.

Doppel-Hauer, sind Arbeiter, die statt 8. nur 4. bis 6. Stunden stehen. Es geschieht vor festen und weit ins Feld getriebnen Oertern.

Drangsal, pflegt das Retardat genannt zu werden.

Drey-Drittheil, wenn Tag und Nacht gearbeitet wird und die Ablösung der Arbeiter in dieser Zeit dreymal geschieht, jedesmal in 8. Stunden.

Drey-Drittheil-Arbeiter sind diejenigen, welche des Morgens um 4. Uhr, Mittags um 12. und Abends um 8. Uhr einander ablösen.

Druckel-Pumpe oder Pompe, eine Wasser-Pompe, die man niederdrücken muß.

Drusen, sind poröse und durchlöcherte, auch in chrystallinischer Gestalt gebildete Erz und Steine. Man hält dafür, daß auf die Drusen im Gange grosse Festigkeit erfolgt. Wenn im Gange solche Drusen angetroffen werden, so sagt man, der Gang liegt in Drusen, hat sich verwirrert.

In Drusen erschlagen, heißt drusigtes Erz antreffen.

Drusigter Gang, der ganz voll solchen Erzes ist, heißt ein offener Gang. Er verliert diesen Namen, wenn die Drusen mit Letten oder anderer Materie angefüllet sind.

Dump-Lachter, ist ein Maaß von 4. Prager Ellen. So hoch soll ein Stollen von der Sohle bis auf die First seyn.

Durchfahren, wenn man sich von einer Grube, Stollen, oder Ort, auf den andern begiebt, es sey durch gehen, steigen oder fahren. durch-

Durchschlag, heißt die Vereinigung und Zusammenkunft zweyer Oerter, die gegen einander in gleicher Richtung getrieben oder gehauen werden. Daher ist die Redensart: mit offenen Durchschlag beweisen. s. Beweis. 2) Das Werkzeug, womit in das Gezimmer Löcher gemacht werden.

Durchschneiden der Gänge ist, wenn zwey Gänge gleich durch einander setzen. Es heißt denn die Gänge schneiden einander gerade, wagerecht durch.

Durchsinken, tief in die Erde niederarbeiten.

E.

Edel Erz, ist an Metall reichhaltiges Erz, besonders in Betracht der edlen Metalle, Gold und Silber.

Edler Gang, reicher, reichhaltiger Gang, der viele und edle Erze liefert.

Eigenlöhner ist der eine Zeche allein arbeitet und für sich selbst bauet. Ist es aber eine Kieß-Zeche, so heißt er Kieß-Zimmer.

Einfahren in die Gruben, zu seiner Arbeit gehen, es sey durch Schacht auf Fahrten oder durch Stollen.

Einfahrer und Ober-Einfahrer, ist der Bergbediente, welcher die Berg-Gebäude oder Gruben befahren und nach deren Beschaffenheit sich erkundigen muß.

Einfüllen, wenn man Berg oder Erz mit der Krätze in den Trog oder Korb ziehet, oder wenn man einen Karn zum Stürzen füllet.

Einkommen der Oerter, wenn zwey Oerter gegen ein-

einander getrieben werden und zusammen kommen, die Oerter sind denn eingekommen.

Einlegen, zu schürfen und zu bauen anfangen.

Einlieger, s. Hüttenwächter.

Einschlagen, Gänge und Erz zu suchen, einen Schurf auswerfen, oder vom Tage nieder sinken.

Einspänniger, so viel als Eigenlöhner.

Einstriche, sind Hölzer quer über den Schacht, daran die Seiten-Tonnen befestigt werden, oder die den Jochern entgegengesetzt sind, daher mit Einstrichen fangen.

Eisen Bergwerke sind solche Bergwerke, darin Eisen-Stein und Erz gewonnen wird.

Eisen-Riemen ist das lederne Band, daran die Gruben-Arbeiter oder Hauer die Berg-Eisen hängen und bewahren.

Eisen-Stein-Messer ein Berg-Bedienter, welcher beym Eisen-Stein-Messen zusehen muß, daß die rechten Tonnen gebraucht werden. An einigen Orten wird dies Amt vom Geschwornen, der besonders dazu verpflichtet wird, verwaltet.

Eisen-Seil ist einer Hamm-Kette gleich und wird in Göpeln gebraucht, wo man mit Pferden treibt.

Entgegen längen heißt zwey Oerter gegen einander treiben, damit das Mittel desto eher durchbrochen werde.

Erb bereiten heißt, wenn man Fund-Gruben oder Maassen erblich vermißt und einen Loch-oder Grenz-Stein setzt, daran des Berg-Hauptmanns, und Bergmeisters Namen, nebst dem Quartal und der Jahrszahl eingehauen ist, damit man

man sehen kann, wohin sich der Gang zustreckt, und wie weit das Feld in der Länge reichet. Dies Erbbereiten hat die Kraft der Confirmation und werden in Freyberg dabey besondere Feyerlichkeiten beobachtet.

Erb-Gerechtigkeit hat ein Stollen, wenn er gehöriger Weise mit seiner Sohle, nach gewissen Lachter-Maassen unter der Damm-Erde in ein Gebäude einkommt, welches im vierten Pfennig, und Stoffen. Hieb besteht. s. Stollen. Erb-Teuffe.

Erb-Hauer, sind die Arbeiter, welche ihr Hauerwerk gelernt und ausgelernt haben, denen auch das vollkommene Hauer-Lohn vom Geschwornen zuerkannt ist. Es wird keiner zu einem Geding gelassen, der nicht ein Erb-Hauer ist.

Erb-Kux, Ackertheil, Erbtheil, ist der Berg-Antheil, welcher von den Gewerken demjenigen frey gebauet wird, auf dessen Grund und Boden das Bergwerk liegt. Er geniesset blos die Ausbeute davon, weil er zugeben muß, daß auf seinem Felde Halden gestürzt und Wege gemacht werden.

Erblich vermessen, so viel als Erbbereiten.

Erbrechen, wenn vor dem Ort ein Erz-Gang oder Klufft angetroffen wird, so man vorhin noch nicht gehabt hat.

Erb-Stollen, ist ein Stollen, der seine Erb-Teuffe in ein Gebäude, Grube, oder unter einen andern Stollen einbringt.

Erb-Stuffe, ist ein gewisses Grenz-Zeichen, gewöhnlich ein Creutz, so der Markscheider auf der Grenze einer Zeche in den Bergwerken ins Gestein hauet und mit dem Lochstein am Tage übereineinkommen muß. Es darf ohne Wissen und Befehl des Berg-Meisters keine Erb-Stuffe fortgebracht werden.

Erb-Teuffe, (seine) bringt der Stollen ein, wird alsdenn nur gesagt, wenn der Stolle eine Spanne vom Rasen und nicht von der Hange-Bank an gerechnet, 10. Lachter Seiger-Teuffe mit seiner Wasser-Seige in ein Gebäude einkommt. Alsdenn wird er auch für einen Erb-Stollen erkannt. 2). Soll ein Stolle unter den andern seine Erb-Teuffe haben, so muß der untere Stolle im sticklichen Gebürge 7. Lachter, im flachen aber drey und ein halb Lachter unter dem obern einkommen, sonst kann er diesem das Erbe nicht entwenden.

Erb-Tiefste ist das tiefste Gesenke in einem Gebäude.

Erbwürdig ist eine Zeche oder Maasse, wenn sie Ausbeute giebt, und so wohl auf der Sohle als vor Ort noch Anbrüche stehen bleiben, da denn die Gewerken schuldig sind, darauf vermessen zu lassen.

Erlängen die Muthung ist, wenn der Muther aus gewissen Ursachen zur Bestätigung nicht kommen kann, so wird die Muthung noch 14 Tage ausgesetzt oder erlängt, wobey sie doch ihre ihre Kraft behält und nicht wieder ins Freye fällt.

Erledigen vom Gebürge ist so viel als waschen, absondern.

Erlegen, ist, wenn vom Werkzeuge etwas zu sehr abgenutzt ist, so wird dasselbe mit einem andern Stück geflickt oder erlegt, daß es seine vorige Grösse und Stärke wieder bekommt.

Erschroten, erschürfen heisst einen Gang oder Klufft ausforschen. 2) besonders wird dies vom Wasser in diesem Verstande gebraucht, daß, wenn man einen Gang oder Klufft erbricht, worauf starke Wasser heraus kommen, gesagt wird: Wir haben starke Wasser erschroten.

Erz ist ein Mineral, welches Metalle in sich hat. Der Bergmann nennt nur das Mineral so, welches mit Vortheil zugewinnende Metalle enthält, und schränkt dadurch den Begriff vom Erz ein. Siehe mehres hievon im 2ten Theile.

Erz ablauffen heisst, solches von dem Ort, wo der Hauer es gewonnen, abholen, und unter dem Förder-Schacht bringen.

Erz aufbereiten, hierunter wird jede Arbeit begriffen, wodurch das Erz vom Berg und tauben Gestein absondert und gereinigt wird, als scheiden, quetschen, puchen, schlemmen und s. w.

Erz auf die rohe Schicht wagen, eine Metapher, welche so viel bedeutet, als allerley Muthwillen und Leichtfertigkeit treiben.

Erz aufsaubern, heißt das kleine zermalmte Erz am Füll-Orte unter dem Schachte zusammen scharren und kratzen und im Kübel oder Tonne zu Tage ausfördern.

Erz aushalten, das unreine und taube Gestein vom reinen Erz halten und absondern.

Erz auslochen s. Auslochen.

Erz ausschlagen, ist so viel als aushalten.

Erz Ausschläger ist der Bergmann, welcher, das Gestein vom Erz absondert und aushält.

Erz bey den Haaren kriegen heißt solches finden.

Erz

Erz blutet, sagt der Bergmann, wenn er rothgülden Erz antrifft.

Erz bricht ganghaftig, wenn der Gang ins Feld und in die Tieffe Erz führt. Erz legt sich zu Gange ist eben das.

Erz bricht kurz, wenn das Erz in den Gängen nur in einzelnen Klumpen, Nester oder Nierenweise bricht.

Erz bricht vermischt, wenn nicht einerley, sondern verschiedene Metalle in Erz zu finden sind.

Erz erbrechen, erhaschen heißt solches finden, oder antreffen.

Erz-Geschrey heißt, wenn immer ein Anbruch nach dem andern entdeckt, und eine Zeche nach der andern fündig wird. Alsdenn sagt man: Es folgt ein Erz-Geschrey dem andern.

Erz gewinnen heißt dasselbe vom Gebürge losmachen und erbrechen, losschiessen, hauen, schlagen, auf was für Weise es geschehen kann, damit es gefördert werden kann.

Erz-Halde ist der Ort vor dem Goepel, dahin das Erz gestürzt, und von da ins Puchwerk geführt wird.

Erz-Körbe sind kleine Körbe, worin das gute Erz und Waschwerk, so über das Sieb zu waschen, so wohl in als ausser den Gruben geklaubt wird.

Erz-Kübel ist der Kübel, darin das Erz aus den Gruben zu Tage gefordert wird.

Erz macht ein Gerüll, wenn viele Gänge zusammen und unter einander kommen, daß man ihr Streichen oder Saalbänder nicht unterscheiden kann.

Erz-Partierer s. Kux-Partierer.

Erze rammlen, verrammlen sich ist einerley mit Erz macht ein Gerüll.

Erz scheiden heißt, das gute Erz von den tauben Gangen und Bergen sondern.

Erz-Schicht ist, wenn ausser der ordentlichen Schicht die Hauer noch die verschrämten Gänge nachhauen und auf den Erzen arbeiten.

Erz streicht zu Gange ist, das Erz streicht so wol ins Feld, als in die Tiefe beständig fort.

Erz-Stuffe, Hand-Stein, ein Stück Erz, das man in der Hand tragen kann.

Erz-Teuffe ist diejenige Tiefe auf den fortstreichenden Gange, auf den er das beste und beständigste Erz führt, so nach dem Tage zu in der Verbesserung noch zunimmt. Unter dieser Tiefe aber verschlimmert und vermindert wird. Im letzten Fall sagt man: die rechte Erz-Teuffe ist schon übersunken.

Erz verliert sich, schneidet sich ab im Gang ist, wenn der Gehalt desselben in den Gängen sich verringert.

Erz verwandelt sich in die Teuffe ist, wenn das Erz in Absinken edler und besser wird, als es am Tage gewesen.

Erz-Wand s. Wand.

Erz zu Seile oder zu Berge schicken oder setzen ist solches auf Füll-Ort, wo die Kübel gefüllet werden, schaffen.

Ewige Teufe bedeutet die Tiefe, so weit man den Gang bringen kann. So lang der Gang in die Tiefe niedersetzt, kann ihm nachgesunken und nachgebrochen werden, sollte es auch beynahe ewig dauren.

F.

Fälle verrücken mit ihren unartigen Gehülfen den Gang heisst, wenn unedle Klüffte den Gang zertrümmern oder ihn aus seiner Stunde bringen.

Fäule heisst, wenn ein Gang statt festen Gesteins oder Erzes ein mürbes taubes Gebürg führt, dadurch der Gang also verdruckt, versetzt oder abgeschnitten werden kann, daß kein Gang mehr zu erkennen ist. Gleiches geschieht auch durch festes Gestein und übersetzende taube Gänge. Wofern der verlorne Erz-Gang nicht wieder gefunden wird, kann der Gang seine Vierung und Alter gar verlieren.

Fäustel ist ein eiserner Hammer, dergleichen giebt es von verschiedener Art. Hand-Fäustel wird zum Schlagen auf das Berg-Eisen gebraucht. Er heisst auch Schlägel. Bohr-Fäustel ist ein grosser Hammer, der zum Schlagen auf den Schieß-Bohrer gebraucht wird. Stempel-Fäustel zum Antreiben der Schacht-Stempel gebräuchlich. Grosse Fäustel werden nebst Feder-Stücken oder Bolzen und Berg-Eisen mit Keilen gebraucht, die verfahrnen Wände damit los zu gewinnen, zu zersprengen und zu zerschlagen. Ausser den schon angeführten giebt es noch Ort- Keil- Kunst- Zimmel- Pfahl- Setz- Scheide-Fäustel ꝛc. S. diese Wörter.

Fäustel-Helm ist der Stiel im Fäustel.

Fahren heisst in die Grube auf den Fahrten hinabsteigen, sich in der Grube von einem Ort zum andern begeben, es geschehe wie es wolle.

Fahr-Geld ist ein Accidens, das den Bergmeistern und Geschwornen quartaliter wegen Befahrung der Gruben gegeben wird.

Fahr-Schacht ist, worin man auf den Fahrten in die Grube fährt. Er ist neben dem Förder-Schacht und nur durch Bretter von ihm abgesondert.

Fahrten sind die Leitern, worauf man in den Gruben hinauf und hinab steigt, wornach auch die Tiefe berechnet wird. Eine ganze Fahrt ist 12. und eine halbe 6 Ellen lang. Sie werden aus gewissen Stangen gemacht, welche Fahrt-Schenkel heissen, dazwischen die Stroßen eingezapft und befestigt sind, Fahrten einhangen, einhaspen heisst dieselben befestigen.

Fahrt-Haken sind eiserne Haken, damit man die Fahrten an einander hängt, wenn man sie im festen Gestein nicht befestigen kann.

Fahrt-Haspen sind eiserne Klammern, womit die Fahrten an die Dumhölzer befestiget werden.

Fahrt-Klammern sind grosse eiserne Klammern, welche zu Anfang der Fahrt angeschlagen werden, damit man sich beym Ein- und Ausfahren daran halten kann.

Fahrt-Schenkel sind die Seitenhölzer der Fahrten, darin die Sprossen befestiget sind.

Fallen und Steigen ist das Neigen und die Erhöhung der Gebirge, Stollen und Strecken. Dem Fallen nach werden die Gänge in stehende, donlegige, flache und schwebende unterschieden. S. Gang.

Fangen ist etwas hemmen und halten, daß es sich nicht weiter bewegen kann, so heisst auch fangen, wenn der Bergmann vom losgegangnen Gezimmer oder Berg überschüttet wird.

Fauler Gang ist ein lettiges schmierig schlüpfriges Gestein.

Feige wird ein Gestein genannt, wenn es sich zieht und ablösen, herunter schiessen will. 2) Schacht und Stollen wird feige, oder ruht auf zerbrochnen Beinen heisst, das Gezimmer in Schacht und Stollen wird faul.

Feld ist die auf und mit dem Gange erworbne Gerechtigkeit, daher heißt es: er ist jenem in sein Feld gekommen; sein Feld erstreckt sich so und so weit; ins Feld rücken d. h. auslängen. Das Feld der Gruben ist ihre Länge, gewöhnlich eine Fundgrube und zwey Maaßen zu 98 Lachtern.

Feld-Gestänge sind die Stangen am Kunst-Zeuge, die über das Feld schieben müssen. S. Gestänge.

Feld-Ort, heißt die Arbeits-Stelle, wodurch nach einem Gange weiter in das Feld getrieben wird. An einer solchen Stelle arbeiten heisst den Feld-Ort treiben.

Feld (verfahren, verschroten, verrizt, verwundet) ist ein mit Strecken geöfnetes Feld, daraus das Erz schon gewonnen ist. Im Gegentheil ist unverschroten, unverrizt ein Feld, darin noch nicht gearbeitet und kein Erz gehauen ist.

Feld verschnüren lassen ist so viel, als vermessen lassen.

Felsen ist das taube Gestein, woraus das Erz geschieden ist.

Ferch ist so viel, als Berg-Schwaden.

Feste ist ein sich darbietendes festes Gestein. Daher kommt

Feste verklemmt den Gang ist, wenn der Gang von solchem Gestein verdeckt wird.

Feste Gebürge, wenn das Gestein hart und schwer zu gewinnen ist. Ist es sehr fest, so sagt man: Das Gebürg will sich nicht stuffen lassen, oder nimmt die Oerter nicht an.

Feuer setzen ist, wenn man sehr feste Erz-Wände durch brennendes Holz mürbe werden läßt, daß es hernach desto leichter zu gewinnen ist. Das Holz wird an die Wand in die Höhe gerichtet, dazwischen Anstösse mit Bärten gesteckt und des Sonnabends nach der Schicht angezündet. Alsdenn können am Montag die Arbeiter schöne das Erz bearbeiten, ohne von der Hitze gehindert zu werden. Im Rammelsberge, wo der Gang sehr mächtig, fest und aus schwefelichen Erzen besteht, ist das Feuersetzen sehr gewöhnlich.

Feustel s. Fäustel.

Fimmel ist ein grosser Keil, den man zum Abtreiben und Einwerfen der Wände gebraucht, indem man ihn zwischen die Spaltungen, Klüffte und Absätze der Gesteine hineintreibt.

Fimmel-Fäustel, Päuschel ist ein Hammer von 20 bis 30 Pfund, damit man den Fimmel hineintreibt, auch das verfahrne, verschränkte Erz grob gewinnen kann.

Finder ist der einen Gang zuerst findet s. Fund-Recht.

First des Stollen ist dessen oberer Theil. Schwebende Firste sind, wenn die Erze am obern Theil über sich verfahren sind, und mit über sich brechen gewonnen werden müssen.

Firsten-Erze sind die nicht in die Teufe unter sich stehen,

stehen, sondern sich nur in schwebenden Mitteln befinden, unter welche schon alles weggehauen ist.

Firsten-Stempel. Wenn Hangendes und Liegendes fest ist, und die Firsten besonders auf Gängen nicht von Festigkeit, sondern Gebruch sind, und leicht wandelbar werden, so verzimmert man diese nur mit Firsten-Stempeln, und verwahrt es mit Stangen oder Schwarten.

Flach ist alles was sich lehnet, überhängt und nicht gerade aufrecht geht, es sey des Ganges Fallen, oder im Stollen oder Schachte.

Flacher Gang ist der nach dem Compaß die Stunde von 9 bis 12. führt. Der Gang hat sein Streichen flachweise.

Flacher Zug ist, wenn ein Gang mächtig ist und durch ein ganzes Gebürg in die Weite sich ausstreckt.

Flaches Gebürg ist, dessen Höhe unvermerkt zunimmt und die eine sanfte Donlege haben.

Flädricht Gestein, Wand ist sehr klüfftiges, leicht zu gewinnenes oder einzuwerfendes Gestein.

Flämmlein, flammigt Erz ist, wenn hin und wieder auf den Gängen etwas Erz-Gang dünn und etwas breit liegt, daß man es mit einem Messer oft abheben kann.

Fläsericht heisst das Gestein, welches fest wird.

Flez, Flötz, schwebender Gang ist, wenn die Erze oder andere Mineralien eine horizontale Lage in der Erde haben, und nicht in die Teufe setzen. Ein Gang der unter 20 Grad fällt, ist ein Flez. Schmale-Flez sind kaum über drey Finger mächtig, dahingegen die mächtigen Fleze von etlichen Spannen bis zu ganzen Lachtern stark sind.

Flez-Verleihung geschieht durch Zumessen, auf eine Fund-Grube 24 Lachter in gevierter Länge.

Flimmer ist eine glänzende Berg-Art, die stumpf und ohne Halt ist.

Flüchtig Gestein ist Gebürg, welches mürbe ist, ohne Zimmerung nicht stehen kann, sondern sich leicht zieht und zu Bruch geht.

Flüchtig Gezimmer ist das, welches nicht auf festen Grund steht.

Flügel-Ort ist die Arbeits-Stelle, da man aus einem Stollen ins Hangende oder Liegende fortreibt.

Förderung, Förderniß ist diejenige Verrichtung, dadurch aus den Gruben etwas herausgeschafft wird. Daher Fördern, Erz oder Berg am Tage herausbringen. Dies geschieht, Schacht- Strecken- und Stoll weis in grösser oder geringer Teuffe, theils mit Menschen-Händen, theils mit Pferden, theils mit Wasser.

Förder-Schacht ist der Schacht, wodurch die Förderung geschieht, und von Kunst- und Fahr-Schacht unterschieden ist.

Förder-Strecke s. Strecke.

Form-Erz ist ein reiches Erz, das über den halben Theil Silber hält.

Freyes heisst dasjenige, so nicht gemuthet oder auflässig worden, ins Freye gefallen ist und jedem frey steht, Muthung darauf einzulegen. Es fällt eine Zeche ins Freye, 1) wenn sie nach geschehener Muthung ohne besonderes Zulassen des Berg-Meisters nicht binnen 14 Tagen bestätiget wird. 2) wenn der Lehnträger den inliegenden Zettel nicht zur rechten Zeit erlanget. 3) wenn auf der Zeche

Zeche ausser erlangter Frist nicht wöchentlich wenigstens drey anfahrende Früh-Schichten zu 6 Stunden gearbeitet wird. 4) wenn in 4 Quartalen das ordentliche Receß-Geld nicht abgetragen wird.

Freyfahren ist, eine Zeche frey erkennen, frey machen, wenn von dem Geschwornen innerhalb 8 Tagen in 3 Früh-Schichten keine Arbeit vom Ort oder sonst in der Grube befunden worden.

Freyschürffen ist, wenn der Bergmeister jemanden vergönnt, hin und wieder auf gewisse Zeit und Revier zu schürffen und einzuschlagen also, daß er in gewisser Zeit nicht muthen noch bestätigen darf.

Frist ist eine nach Berg-Recht abgemessene und übliche Zeit, in der etwas geschehen muß, wenn es recht und beständig seyn soll. Sie wird vom Bergmeister bestimmt und gegeben, wenn sie auf solche Verrichtungen gesucht wird, die nicht zu einer sonst festgesetzten Zeit geschehen müssen. Zum Schürffen, Bestätigen, Belegung einer Zeche u. s. w. kann sie gebethen und ertheilt werden. Solches darf jedoch nicht ohne gültige Ursach geschehen, dahin gehört Mangel an Wetter, Wassers-Noth, Streit, Mangel an Arbeiter, Absenken der Licht-Löcher, Winters-Zeit, Ungewitter u. s. w., welche ein unpartheyischer Bergmeister erwegen muß.

Frist-Buch, ist das Buch beym Berg-Amt, worin Fristen, Nachlassungen, Steuren, 4te Pfennig u. d. gl. eingetragen werden.

Frist-Geld, wird quartaliter 1. Ggl. gegeben, s. Quatember-Geld.

Fuchs-Löcher machen, heißt nicht Bergmännisch bauen, sondern bald hie bald da ohne Noth, Löcher machen und Erz weghauen und nicht auf den Vortheil der Nachkommen denken.

Fuchs mitbringen, sagt man, wenn jemand verstohlner Weise, Erz aus der Grube schleppt, welches doch verbothen ist.

Fuchs schleppen, heißt faul seyn in der Arbeit.

Fuder, ist ein gewisses Maaß, wornach die Erze gemessen und angeführt werden. Es ist nicht an allen Orten von gleicher Größe. Eben dergleichen Maaß wird auch an einigen Orten Seydel genannt.

Fühlen, mit dem Hand-Fäustel das Gestein oder die Wand beklopfen, um zu vernehmen, ob das Gestin los ist und einen Riß bekommen habe, welches an dem Klang erkannt wird.

Führen, wenn der Bergmann das Gezeug oder sonst etwas in die Grube nimmt, so heißt es nicht, er trägt es, sondern er führt es.

Füll-Ort, ist der Platz unter den Förder oder Treibschacht, wo die Tonne gefüllt herausgezogen wird, und das in die Gruben durch die Tonnen hineingebrachte ausgenommen wird.

Fündiger Gang, ist ein Erzhaltiger Gang, der edel und des Findens werth ist.

Fürsten, so viel, als Firsten.

Fund-Grube, Fund, ist die erste Grube, oder Zeche auf einen Gang, darin Kübel und Seil eingeworfen werden. Sie hält gemeiniglich 42. Lachter oder 3. Wehr in die Länge. Nach Freybergischer Maaß, hält sie 60 Lachter.

Fund-Grübner, der Besitzer einer Fund-Grube,

2) reiche

2) reiche Gewercke, 3) die Profeßion vom Berg-Bau machen.

Fund-Recht ist, daß der den Gang zuerst entblößt, die Fund-Grube behält, wenn schon eine ältere Muthung auf dem unentblößten Gang da ist. Es bleibt daher die Regel: der erste Finder, erste Muther.

Fund-Schacht, ist wo im Schürffen der Gang zuerst entblößt worden.

Fuß oder Sohle, ist die untere Fläche in Stollen, z.E. wo das Wasser auf und ablauft, 2) der Gang streckt die Füße von sich, wenn er sich aufthut oder mächtiger wird, 3) der Gang zieht die Füße zu sich, wenn er sich abschneidet und vermindert.

G

Gällig, der Gang liegt in gälligen Felsen d. h. der Gang hat keine Ablösung oder Besteig, er steht fest an dem Gebürg.

Gang, ist eine Lage von Erz und Mineralien, die unter der Damm-Erde anfängt und in die Tiefe des Gebürgs niedersetzt. Man unterscheidet diese von Fletz, weil letzteres horizontal unter der Damm-Erde fortgeht. s. Fletz. Gang-Gebürge sind aus ganghaften Lagen bestehende Gebürge. In Ansehung des Fortgehens oder Streichens, welches durch den Compaß abgemessen wird, giebt es viererley Gänge, 1) Morgen Gang ist der nach dem Compaß die Stunde von 3. bis 6. führt, 2) Spat-Gang von 6. bis 9, 3) stehender Gang, von 12. bis 3, 4) flacher Gang, von 9. bis 12 Uhr. Daher

sagt

sagt man: der Gang hat sein Streichen stehend, spat, flach oder Morgen-Weise.

Gang ausgehen, heißt Gänge mit der Wünschel-Ruthe ausrichten.

Gang beschreitet ein ander Gefahrte, wenn der Gang aus seiner Stunde kommt und seinen Strich verändert.

Gang blühet am Tage, d. i. er stößt Geschiebe, abgerissene Erze von sich.

Ganges Abkommen s. Abkommen.

Ganges Ablösung s. Ablösgen.

Ganges Ausgehen s. Ausgehen.

Ganges Streichen, ist die Fortstreckung des Ganges in die Länge, welche man nach dem Compaß abmißt.

Ganges Fallen, ist die Erstreckung desselben in die Tieffe, die sich wie die Donlege verhält. Dem Fallen nach sind die Gänge verschieden und entweder stehende, die gerade nieder oder mit 80 Graden fallen; oder Donlegigte, die von 60. bis 80 Grad fallen; oder schwebende, die in 10 Lachter 1 Lachter seiger und nur 5. und einen halben Grad nach den Quadraten fallen. Fallen sie unter 20 Grad, so heissen sie Fletze.

Ganges Breite, ist die Stärke desselben in die Breite von einem Sahlbande zur andern, welche nach dem Lachter bestimmt wird.

Gang fällt widersinnig, wenn er bald seiger bald Donlegit widerfällt. Zuweilen fällt er anfangs Donlegigt und wendet sich hernach mit dem Fallen auf die andere Seite: wechselt auch zuweilen so im Fallen ab, daß das Hangende zum Liegenden und das Liegende zum Hangenden wird.

Gang faßt viele edle Geschicke in sich, d. h. ihm fallen viele edle Klüfte zu.

Gang führt einen glatten Harnisch, d. h. hat gute Ablösung vom Gestein in Hangenden und Liegenden.

Gang führt einen kurzen Strich, d. h. er verliert sich bald und streicht nicht weit ins Feld.

Gang führt seine Erze ab- und zufallend. d. h. er behält nicht einerley Gehalt und Güte.

Gang gewinnt ein ander Streichen, d. h. er fällt aus die Stunde seines Streichens.

Gang hält sich wieder zu Erz an, d. h. ein tauber Gang wird durch Erze wieder edel.

Gang-Hauer, ist der Bergmann, welcher auf Gängen arbeitet und selbige gewinnet.

Gang ist angewachsen, wenn er sehr feste und im festen Gestein ist.

Gang ist offen, wenn er drusig ist.

Gang ist verkrochen, wenn eine Feste ihn verschoben und unterdrückt hat, 2) wenn er ein Dach hat und nicht völlig bis zur Damm-Erde durchsezt.

Gang keilt sich aus, wenn er sich verliert, daß man sein Streichen nicht mehr sehen kann. Dies heißt auch: der Gang hat sich abgeschnitten.

Gang liegt in gälligten Felsen, wenn er fest ansteht und keine Ablösung vom Gestein hat.

Gang liegt im guten Getriebe, wenn er an der Sommer-Seite liegt.

Gang macht ein Creutz, wenn einer den andern creutzweis durchschneidet.

Gang nimmt mit seinen Streichen, Strich und Fallen das Gebürge ein, wenn er in und mit dem Gebürge fortsetzt.

Gang spigt sich zu, wenn er immer schmäler wird, wie ein Keil.

Gang streicht in einer Gesteins-Lage, s. Lage des Gesteins.

Gang überfahren, wenn man im Fortreiben eines Orts einen übersetzenden Gang antrifft, 2) die Breite des Ganges untersuchen, um seine Mächtigkeit zu erfahren.

Gang übergiebt seine Erzliche Kraft, d. h. er verwandelt sich.

Ganges Uebersetzen, wenn ein Gang den andern durchschneidet, entweder zu rechten oder zu halben Creutzen oder auch Schaaren-Weise.

Gang veredler sich, d. h. er bekommt reichere Erze.

Gang verfahren s. Verfahren.

Gang (den) verklemmt eine starke Feste, wenn ein Gang von vorfallendem festen Gestein verdruckt wird.

Gang verliert, verdruckt, verschiebt sich, wenn er sich abschneidet, daß man ihn nicht mehr sieht und sowohl nach der Länge des Streichens, als nach dem Fallen in die Tiefe verschwindet.

Gang verschrämen s. Verfahren.

Gang verunedelt sich, wenn er am Gehalt reicher Erze abnimmt und ihn zufallende, faule oder unnütze Bergarten durchsetzen.

Gang wirft einen Bauch, d. h. er thut sich auf, wird mächtiger.

Gang wirft einen Haken, wenn er aus der Richtung seines Streichens kommt.

Gang zertrümmert sich, das heisst zertheilt sich in viele Klüffte.

Gang zieht die Füße zu sich, das heisst, er schneidet sich ab.

Gänge erbrechen ist, wenn man durch schürfen und röschen, oder durch absinken der Schächte, oder durch Treibung der Stoll-Orte und Querschläge den Gang entblößt.

Gänge schaaren einander zu, ein Gang lehnt sich mit dem andern, örtert sich mit dem andern, wenn Nebentrümmer dem Hauptgange zufallen und in einander setzen.

Gänge schneiden einander seigergerade nach, wagerecht durch ist, wenn zwey Gänge einander gleich durchsetzen.

Gebäude heissen die Zechen oder das Bergwerk.

Gebäude mit täglicher Verdingung führen heisst, wenn die Arbeit in der Grube fleißig aufgefahren wird, und was den Hauern auf Gewinn und Verlust verdungen ist.

Gebrech ist, wenn das Gestein nicht zu fest und milde ist, daß es leicht erbrochen und gewonnen werden kann.

Gebrochene Schwinge ist der herunterhangende Arm an einer Feld-Kunst, daran das Gestänge befestigt ist, daß er dasselbe hin und zurückschiebt.

Gebürg, Gebirg ist eine Gegend, wo Gänge streichen und Erz gewonnen werden kann. Man unterscheidet Vor- Mittel- und hohe Gebürge von einander. Vorgebürge stehet der Eben am nächsten und enthält selten fündige Gänge. Mittel-Gebürge liegen zwischen jenen und dem hohen Gebirg, wo die Gänge am beständigsten

und

und geschicktesten zu Erzen sind. Hohe Gebürge haben die größte Höhe, hinter und vor welchen sich das übrige Gebürge senkt, und 1) die Gänge nicht gar tief liegen, welche auch daselbst am besten zu groben Metalle, Bley und Kupfer sind. Wo das Gebürg anfängt aufzusteigen, wird es Vördergebürg, und wo es wieder auf der andern Seite fällt, Hintergebürg genannt. 2) Das Gestein selbst, wo die Erze sind, und ist verschieden nach seiner Festigkeit, Fügung und leichter oder schwerer Gewinnung, daher die Namen entstanden: Gebrech- oder Keil- Hauen- schieferig- schön- geschmeidig- Schmeer- Gebürg u. s. w.

Gebürg aufschliessen s. Such-Stollen.

Gebürg beschleußt fündige Gänge ist, wo in einem Gebürg Gänge anzutreffen sind.

Gebürg hat einen scharfen Rücken, d. h. es ist hoch und spitzig oder steil.

Gebürg ist sanftig, wenn es sich nach und nach erhebt und steigt zu einem höhern Gebürg oder zu einer Ebene, da es sich nicht bald wieder senkt, sondern eine ganze Gegend ausmacht, darin man mit Stollen fortgehen kann.

Gebürg ist stücklich, stückel oder steil, wenn es auf einmal sich aus der Ebene aufthürmt, spitz ist und plötzlich auch wieder fällt. Es hat sehr tiefe Thäler und ist auswendig sehr felsigt. Wenn es lehmig oder lettig ist, so heissts Schmeer oder Schmär-Gebürg.

Geding ist eine gewisse, bestimmte und abgemessene Arbeit, die den Bergleuten verdungen wird, damit sie mehrern Fleiß anwenden. Es geschicht solches bey Schrämen, vor Oertern und in Schachten.

Geding abnehmen geschieht vom Geschwornen, wenn er das aufgefahrne Geding mit der Lachter-Maaß überschlägt und zusieht, ob es richtig und die Arbeit recht gethan sey. Auf die Gedinge fahren, wenn die Geschwornen nachmessen, wie es mit der Arbeit stehe.

Geding auffahren, herausschlagen heißt, gedingte Arbeit verrichten.

Geding-Geld ist der Lohn, welcher für die Arbeit bedungen worden. Wenn der Bergmann etwas gedungen angenommen hat, so bekommt er zwar auch, ehe das Geding geendigt ist, sein Wochen-Lohn, wenn aber das Geding aufgefahren, und die bedungene Arbeit recht vollendet ist, so wird ihm das erhaltene Wochen-Lohn von der bedungenen Summe abgezogen, und das übrige nachgezahlt; dies lezte nachzugebende heißt das Geding-Geld.

Geding-Stuffe ist ein Zeichen, welches der Geschworne, wenn er ein gewisses Lachter-Maaß verdinget, in das Gestein hauet, die Grenzen des gedungenen Maaßes anzugeben. Stuffen-Geld ist dasjenige, welches der Geschworne dieses Einhauens wegen bekömmt.

Gefehrde sind kleine Nebengänge, wie die Klüffte, welche dem Gange zufallen und wieder abgehen, oder zu welchen der Gang sich wendet. Es ist daher ein Unterschied zwischen Gefehrde-Streichen und der Haupt-Stunde des Ganges.

Gegen-Buch ist dasjenige Buch, darin alle Lehen und Gewerken eingetragen sind, und auch

 was

was diesem oder jenem an Kuren verkaufft, ab- oder zugeschrieben ist, richtig aufgezeichnet wird.

Gegendrom, Gegendrum ist die Zeche, deren Gang über ein Thal oder Wasser sein Streichen hat.

Gegen-Oerter treiben heißt, wenn man in einem Gebürg vorn und hinten zugleich auf einer und derselben Sohle aufsitzet und arbeitet, und ins Gebürge Oerter treibet, bis man endlich auf einander durchschlägig wird.

Gegen-Schreiber ist derjenige Berg-Bediente, der das Gegen-Buch hält, Lehn- und Gewerkschaften darin einschreibt, und mit Ab- und Zuschreiben der Kure zu thun hat.

Gegen-Trumm. Wenn ein Gang über ein Wasser oder Erz-Fluß setzt, so wird der Theil des Ganges über dem Wasser so genannt.

Gehänge ist die abhangende Seite oder Fläche des Gebürges, 2) wenn an dem Feld-Gestänge die Kunst-Stangen an einem Gelenk hängen, so hin und wieder geht.

Gehänke ist am Berg-Kübel der Bogen, daran man das Seil schlägt.

Gelerrsche ist ein Gesenk, da man mit einem engen Raume einer Erz-Spuhr nachbricht, oder einen Versuch nach Gängen mit Absinken macht.

Gemerke ist eine Stuffe und gewisses Zeichen, welches von dem Berg-Meister oder Geschwornen in das Gestein gehauen wird.

Geröllig Gestein ist locker Gestein, davon immer etwas abfällt.

Gerülle s. geröllig Gestein. 2) wenn viele Gänge zu und unter einander fallen, daß man ihre

ihre Streichen und Saalbänder nicht unterscheiden kann.

Geschicke sind die zur Erzeugung und Aufnahme der Erze schickliche Materien und Steinarten, 2) so viel als Gänge, 3) edle Klüffte, die dem Haupt-Gange zufallen.

Geschicke flechten sich unter einander ist, wenn dem Gange viel edle Klüffte zufallen.

Geschicke in die frischen Grenzen bringen ist, wenn eine Fäule die zufallenden Geschicke verdruckt und solche hinter der Fäule wieder ausgerichtet werden.

Geschicke unter Augen brechen d. h. auf den zufallenden Klüfften auslängen.

Geschiebe sind die Erz-Wände, so das Wasser von den zu Tage ausgehenden Gängen wegwäscht und mit fortführt. Stößt der Gang Geschiebe von sich, so sagt man: der Gang blühet am Tage.

Geschleppe ist ein einfaches Feld-Gestänge.

Geschlitts ist der Einschnitt an der Schwinge oben und unten, daran die Kunst-Stange hengt.

Geschmeidig Gestein ist das, welches nicht fest ist, und sich leicht gewinnen läßt.

Geschütte ist eine Art von Stockwerk, welches nicht fest und mit Berg vermengt ist, 2) wenn ein Flötz über das andere liegt und allzeit Berg dazwischen sich befindet.

Geschworne sind Berg-Bediente, welche auch Schau-Herrn, Sincker- und Schiefer-Geschworne heissen s. Berg-Ober-Geschworne.

Geschworne fahren auf den Steiger, d. h. sie fahren in die Gruben, die Arbeit der Steiger

 und

und Häuer zu untersuchen, und ob die Arbeiter auf die Strossen und vor die Oerter recht angelegt sind.

Geschworne nehmen die Gedinge ab, oder fahren auf die Gedinge, d. h. sie messen nach, ob die Bergleute ihre verdingte Arbeit in der Grube verfertigt haben.

Gesenke ist das Tiefste in der Grube, darin noch weiter niedergearbeitet wird. Auf dem Gesenke arbeiten heißt im Schacht auf der Sohle nieder arbeiten.

Gespreng im Schacht ist, wenn ein Schacht niedergearbeitet und ihm von unten in die Höhe entgegen gearbeitet wird, und wenn denn die Arbeiter nicht im Mittelpunkt zusammen treffen, sondern die Richtung verfehlen, und diese ins Hangende, jene ins Liegende kommen.

Gespreng im Stollen heißt, wenn der Stollner nach dem Haupt-Stoll-Ort einen Gegen-Ort treibt, und mit der Sohle nicht gleich, sondern um ein und mehr Lachter höher einkömmt.

Gestänge sind die an der Kunst an einander gefügten Stangen, wodurch die Kunst arbeitet, 2) das Holz, worauf man im Stollen mit dem Hund laufft. Derselben werden zwey an einander genagelt, so daß noch zwey Finger breit Raum dazwischen bleibt, worin der Leit-Nagel des Hundes gebracht wird, daß er nicht weichen kann. 3) Feld-Gestänge sind diejenigen Stangen an einem Kunst-Zeuge, die über Feld schieben müssen. Diese sind einfach und heissen denn Geschleppe oder doppelt und zusammengesetzt mit vielen Schwingen, Stoß-Bäumen oder

Stegen auf die Böcke gelegt. Diese sind dauerhafter, und kann das baufällige ungehindert ausgewechselt werden. 4) Streck-Gestänge sind bey dem vom Kunst-Schächten abgelegnem Gesenke oder Gebäude diejenigen Stangen, welche an das Schacht- und Kunst-Gestänge mit Kreutz-Wellen und Armen angehängt werden.

Gestein heißt die harte und feste Steinart, welche kein Erz ist. Der Bergmann zählt indessen nur vorzüglich zweyerley, nemlich Schiefer- und Sand-Gestein.

Gestein abzubrechen wissen heißt, wenn der Berghauer den Vortheil weiß, wie er am besten das Gestein und die Gänge gewinnen soll.

Gestein erbeißt ihn ist, wenn der Bergmann in der gesetzten Zeit sein Geding nicht herausschlägt.

Gestein hat sich gezogen d. h. aufgethan, ist mächtiger geworden.

Gestein ist mit dem Gezähe nicht zu gewinnen, d. h. ist gar zu hart und fest.

Gestein legt dem Häuer zu, d. h. wird mürber, leichter zu brechen.

Gestein nimmt die Oerter nicht an, will sich nicht stuffen lassen, d. h. ist von so festem Gefüge, daß es schwerlich zu gewinnen ist.

Gestein poltert ist, wenn beym Anschlagen an das Gestein es klingt, als wenn es dahinter hohl wäre.

Gesteins Absetzen s. Absetzen.

Gesteins-Lage ist verschieden. An einigen Orten liegt das Gestein nur über den Gang hin, an andern senkt es sich etwas, an andern liegt es flach. Wenn verschiedene Gestein-Arten unter

 ein-

einander liegen und durch einander streichen, so sagt man: das Gestein kommt aus einer Lage in die andere. Haben die Gänge ihr Streichen mit dem Gestein, so wird gesagt: der Gang streicht und fällt mit dem Gestein in einer artigen Gesteins-Lage.

Getrieb, mit Getrieben durch den Bruch gehen heißt, wenn man einen Ort, Stollen oder Strecken durch einen Bruch oder alten Mann treiben und gewältigen will, so setzt man auf beiden Seiten Thürstöcke und oben darauf eine Kappe, auf welchen mit acht Schwarden-Pfählen angesteckt und darüber hingetrieben wird, um den Bruch dadurch so lange aufzuhalten, bis man wieder Thür-Stöcke setzen und weiter abtreiben kann.

Getrieb-Pfähle sind breite und vorn scharf zugerichtete Pfähle.

Geviere s. Schrot.

Geviere auftragen heißt die Jöcher und Kappen in einander legen.

Geviert-Feld s. Vierung.

Geviert Feld vermessen ist eine Fundgrube, die 28 Lachter in die Länge und Breite hat, oder eine Maaß, die 14 Lachter in die Länge und Breite hat, vermessen. Solches Feld wird auf Flötzen, Stockwerk und schwebenden Gängen verliehen, da alsdenn der Schacht in die Mitte der Fundgrube kommen soll. Wenn dieser aber nicht in die Mitte kommen kann oder soll, so muß der Bergmeister eine rechtwinklichte Figur von 28 Lachter lang und breit an das schon vermeßne Feld anlegen, und mit seinen Lochsteinen besetzen.

Gewältigen, das Tiefste der Gruben, entweder vom eingestürzten Berg oder zulauffenden Wasser säubern und völlig wieder zurichten.

Gewehr ist ein Schein oder Zettel, welchen auf Bergwerken der Verkäuffer an den Berg-Schreiber ertheilt, daß er diesen oder jenen Kux dem Käuffer zuschreiben soll, 2) der Schein, den der Berg-Schreiber giebt, daß der Kux dem Käuffer im Namen des Verkäuffers zugeschrieben sey.

Gewerken, Gewerkschaften, sind die Personen, welche eine Zeche bauen und ihre Theile daran haben, auf dieselbe Zubusse geben und nach Gelegenheit Ausbeute heben. Eine Gewerkschaft besteht in 128 Kuxen, darunter vier Erb-Kuxe, die nach altem Recht den Landes-Fürsten und Herrn von den Gewerken frey gebauet werden.

Gewinnen, ist so viel als Erbrechen.

Gezähe oder Gezeug sind die Instrumente zur Berg-Arbeit.

Gezimmer, ist so viel als Zimmerung, zimmern.

Gezimmer hat einen festen Fuß im Gestein, d. h. ein gutes Fundament.

Gezimmer in Schachten, dazu gehören Trag-Stempel, Jöcher, Einstriche, Spreitzen rc.

Göbel, Göpel, ist ein rundes oben zugespitztes Gebäude bey dem Schacht, worin die Pferde-Seile nebst dem übrigen, so zu dem Treiben und Fördern der Erze aus den Gruben gehört, gegen Regen und Schnee bewahrt werden. Die Kette, woran der Kübel in die Höhe gezogen wird, heißt das eiserne Seil und der Platz, darauf die Pferde herumgehen, den Kübel heraus zu winden, wird der Herd genannt.

Göpel-Treiber sind die Personen, welche bey dieser Arbeit auf die Pferde Achtung geben.

Graben, s. Kunst-Graben.

Graben-Steiger, ist derjenige, welcher mit den Kunst Graben zu thun hat.

Gräpel, ist ein Berg-Maaß, einer Spann lang. Zwey Gräpel machen ein viertel Lachter aus.

Graupen-Erz, die kleinen abgestossenen Stückchen Erz.

Grube abhütten s. Abhütten.

Grube ist zu Sumpf gebracht ist, wenn wenig Wasser mehr in Tiefsten der Grube oder nur so viel als in einem kleinem Sumpf steht, dabey die Arbeit ungehindert fortgeht.

Gruben, Gruben-Gebäude, sind überhaupt die Oefnungen, welche durch Fleiß und Kunst in die Erde gemacht sind und zu dem Ende fortgetrieben werden, damit die darin befindlichen Schätze an Metallen der menschlichen Gesellschaft zu Nutzen kommen können. S. Schacht, Stollen, Strecken.

Gruben-Compaß, s. Berg-Compaß.

Gruben-Junge geht dem Steiger in der Grube zur Hand, muß auch mit dem Hund oder Karn in der Grube lauffen.

Gruben-Licht ist wie ein Lampe, dergleichen die Bader beym Schröpfen gebrauchen, beschaffen, darin das Unschlitt mit dem Tocht.

Gruben-Steiger sind bey einer gewissen Grube angesetzte Bergleute, die das Beste des Bergbaues zu besorgen haben. Sie legen die Arbeiter und weisen diesen die Arbeit an; tragen dem Geschwornen die Arbeit und wie viel Arbeiter nöthig

sind

sind, vor; und sehen darnach, daß zur rechten Zeit die Arbeit angefangen und richtige Schichten gehalten werden. Sie müssen über den anzustellenden Bergbau gut urtheilen können, wie Feld-Oerter, Schräme zu legen, die Kasten, Schächte, Strecken, Hangendes und Liegendes zu verwahren, Gesenke, Strossen und Erz-Förderungen am besten zu betreiben sind. Sie geben Unschlitt, Schieß-Pulver und Pflöcke müssen auch bey dem Vorgriffe dahin sehen, daß die Anzahl der Zolle in die Tieffe recht abgebohret und die Löcher völlig abgeschossen werden.

Gruben-Tscherper ist ein grosses Messer, womit das Gezimmer und Holzwerk in den Gruben bestochen wird, um zu sehen, ob es noch frisch und gut, oder schon faul geworden ist.

Grund bringen heißt in der Markscheidekunst die in der Erde befindlichen Gänge, Klüffte und Gruben-Gebäude nach dem Fallen und Streichen durch gerade Linien auf den Riß angeben. Ein solcher Markscheide-Grundriß schließt keinen Raum in den Linien ein, sondern zeigt nur eine fallende und steigende Linie vor, die sich nach einer gewissen Gegend kehrt.

Grund-Herr ist der Besitzer eines Reviers, worin man Bergwerk anlegt. Es bleibt bey dessen Gut allzeit die Erbkux und kann davon nicht verkaufft werden. Er muß das Schürffen zugeben, den Bergbau befördern, das Wasser auf Hütten, Künste und Pochwerk hergeben, mit Holz und andern Materialien um billige Preise behülflich seyn.

Grund-Lagen sind breite beschlagne Hölzer, welche unter die Trag-Stempel gelegt werden, wenn sie keinen sichern festen Grund haben.

Grund-Linie ist die Linie, welche den Triangel schließt, dessen beide andere Seiten die Donlege und Seiger-Linie ausmachen.

Gugel an die Kaue nageln heißt so viel, als Unfug auf der Zeche treiben.

Gut Wetter ist reine Luft im Bergwerke.

H.

Hänge-Bank s. Henge-Bank.

Häuer ist ein Bergmann, der vor Oerter und auf Stroßen auf dem Gestein arbeitet. Ist vom Ganghauer unterschieden. Die Hauer sind 1) Erb-Häuer (s. dies Wort) 2) Lehr-Hauer, die das Hauerwerk noch erst lernen, und noch nicht ausgelernt haben, welchen auch kein völliger Lohn zugeschrieben wird. 3) Lehn-Hauer, die auf Gewinn und Verlust die Gruben und Lehnschaften von den Haupt-Gewerken annehmen. 4) Doppel-Hauer, die statt 4 Stunden 6 bis 8 Stunden stehen und arbeiten müssen. 5) Schräm-Hauer, die zum Schrämen gebraucht werden. Die Gang-Häuer wollen mehr als diese seyn. 6) Ort-Hauer, die vor Ort arbeiten.

Hauer- und Anfahr-Gelder war ein Präsent von etlichen Thalern, welches die neuen Hauer dem Geschwornen und Steiger der Zechen, wohin sie genommen waren, gaben. Solches ist aber bey schwerer Strafe verbothen.

Hauer wird nachgestochen heißt, wenn die Berg-Beam-

Beamte nachsehen, ob ein jeder Hauer vor seinem Ort an der Arbeit ist.

Hauer ist erstochen heißt, wenn er nicht bey der Arbeit angetroffen wird.

Halde ist das Taube aus den Schächten und Stollen gewonnene Gestein. 2) Das Gestein, so vom Erz abgesondert und am Tage zusammen geschüttet wird. 3) Der erhabene Hügel, welcher von dergleichen zusammen geschütteten Berg vor dem Schacht oder Stollen gebildet wird.

Halm s. Holm.

Hals ist ein zum Krumm-Zapfen gehöriges Stück.

Hammer der Bergleute s. Fäustel.

Hand, zur Hand arbeiten geschieht, wenn nach der rechten Hand zu gearbeitet wird.

Handbuch enthält die abgehandelten und beschloßnen Rathschläge und Bedenken zum Besten der Bergwerke und Zechen.

Hand-Fäustel ist der Hammer, womit der Bergmann auf das Eisen schlägt, solches in das Erz und Gestein zu treiben.

Hand-Stein ist ein Stück, das bequem getragen werden kann. Das Gegentheil davon sind die großen schweren Stuffen.

Hang-Compaß wird auf eine Schnur gehangen und zum Markscheiden gebraucht. s. Compaß.

Hangendes ist das Gestein, welches über dem Gang, wie ein Dach, lieget und den Gang deckt. Wenn man in den Schacht fährt, so ist dies der Theil, dem man den Rücken zukehrt.

Harnisch (einen glatten) führt der Gang, wenn er im Hangenden und Liegenden vom Gestein gute Ablösung hat.

Harte Kämme ist so viel als Knauer s. dies Wort.
Haspel-Gestell, dazu gehört der Pfuhlbaum, die Haspel-Stütze und Hengebank s. diese Worte.
Haspel-Horn, ist die Handhabe an Rund-Baum, damit der Haspel gezogen und gewunden wird.
Haspel-Knecht, Haspel-Zieher, ist derjenige, welcher mit dem Haspel Erz und Berg aus der Grube ziehet und Zimmerung und andre Bedürfnisse in die Grube hinein bringt.
Haspel-Stützen, sind die beyden langen Hölzer, darauf der Rund-Baum liegt, und welche in den Pfuhl-Bäumen stecken.
Haupt-Gang, heißt der zuerst gemuthete Gang im Fall, daß verschiedene Gänge zu demselben noch zufallen.
Haupt-Holz, sind die Einstriche, siehe Streich-Holz.
Haupt-Lehn, ist die Haupt-Fund-Grube auf einem Zuge, nach welcher die übrigen Lehne erst aufgekommen sind.
Haupt-Stollen, ist der, welcher vielen Gruben zu Hülfe kommt und seine Erb-Teuffe ins Gebürge oder unter andern Stollen einbringt.
Haupt-Stoll-Ort, ist der vom Mund-Loch angetriebene Ort.
Haus, ist so so viel, als Hut- und Zechen-Haus, s. diese Wörter.
Heft-Strick, ist ein Stück vom Haspel-Seil, womit man das Holz, so in die Gruben gebracht werden soll, zusammen bindet. Ist es eine Kette oder eisernes Seil, so heißt es ein Schurz.
Heintz, ist ein Rohrwerk, darin ein eisernes Seil mit Taschen geht, das Wasser damit aus der Grube zu holen.

Helfer-

Helfer-Satz, ist derjenige, den man neben den rechten Satz stellt und bis zum Gebrauch daselbst aufbehält, damit man ihn, wenn der erste wandelbar oder die Menge des Wassers in der Grube grösser wird, gleich anbringen kann.

Helme, sind die Stiele zum Gezäh, z. B. Axten, Fäustel, Hauen ꝛc.

Henge! ruft der Anschläger in der Grube, wenn ihm das Seil entzogen und eher aufgewunden wird, als er den mit Erz oder Berg gefüllten Kübel angemacht hat.

Henge-Bank, ist der Ort auf den Pfuhl-Bäumen über dem Schacht, wo die Kübel ausgestürzt werden. Man sagt daher: es ist über die Henge-Bank, d. h. es ist aus der Grube.

Henge-Kappen, sind die kleinen eisernen Ringe auf der Seite der Kübel, darin der Quäntzel hängt.

Hengen, ist etwas in die Grube lassen, es sey Holzwerk oder sonst etwas.

Henge-Nagel, ist ein starker eiserner Nagel, der durch das Loch der Zapfen- und Stangen-Eisen in das Geschlitz der starken Schwingen, die zu beyden Seiten mit ihrem Wangen-Eisen verwahrt ist, gesteckt wird und also das Bleuel- oder Stangen-Eisen zusammen hält.

Herd, ist der runde Platz im Göpel, darauf die Pferde beym Treiben umgehen. Mehrere Bedeutung von Herd, s. im zweyten Theil.

Hespen, ist so viel, als etwas mit Fahrt-Hespen befestigen.

Himmel-Erz, heißt das Erz, welches am Tage liegt.

Hinter-

Hinterlegte Muth-Zettel, heissen diejenigen Muth-Zettel, die erlänget werden.

Hinter-Gebürge, s. Gebürge.

Höflich ist so viel als Hoffnungsvoll.

Hohes-Gebürge, s. Gebürge.

Holm ist im Göpel ein Holz am Creutz, darin die Büchse ist, worin das Creutz an der Spindel geht, 2) die Quer-Hölzer, so die Böcke an den Feld-Künsten zusammen halten, auf welchen die Stege liegen, 3) ein durchlöchertes Holz am Pumpen-Stock, darauf das Leder liegt.

Horch-Häusel, ist ein Behältniß, darin der Berg-Junge gegen die Zeit des Ausfahrens steht und wartet, wenn der Seiger schlägt, um alsdenn das Zeichen zum Ausfahren in die Grube zu geben, damit die Arbeiter in den Gruben ausschreyen mögen. Man nennt dies, er steht im Horch-Häusel auf dem Polz.

Horn-Haspel, s. Berg-Haspel.

Hornissen auslassen, ist Unfug treiben.

Hornstadt ist der Raum über einem Schacht, darauf der Haspel steht. Die Bergleute versammlen sich daselbst, wenn sie ihre Schicht verfahren wollen.

Hund, ist ein Kasten mit vier Rädern, darin auf den Stollen, wo es sehr eng ist, der Berg und das Erz fort und zu Tage ausgeschafft wird. Drittelhalb Stollen-Karn gehen in solchen Hund, 2) ein starkes Stück Holz mit Spitzen, so an eine Tocke gehangen wird, welches das Holz, so man in die Grube henget oder niederläßt, hemmt und aufhält, daß es nicht zu schnell niederschiessen und Schaden anrichten kann.

Hund anhängen und Hunds-Bengel anstechen, ist so viel, als in der Arbeit träg seyn, feyren und faullentzen.

Hunde-Bett (im) liegt alles, d. h. es will mit der Arbeit nicht mehr fort. Dies ist der nächste Grad zum aufläßig werden.

Hunds-Läuffer, sind diejenigen, welche die Erze und Berg mit dem Hund fortlauffen und wegschaffen.

Hunds-Leit-Nägel, s. Leit-Nägel.

Hunds-Ring, ist an der andern Töcke, daran der Hund befestigt wird, wenn man Holz in die Grube lassen will.

Husche bekommen, in der Grube zu Schaden kommen, oder vom Gespenst beunruhigt werden.

Hut-Haus, s. Zechen-Haus.

Hutmann, ist der Wirth im Zechen-Haus.

J.

Jöcher, sind die Hölzer, die auf Trag-Stempel gelegt werden, den Kästen zu Hülfe, das solche desto größere Last ausstehen können, 2 Jöcher im Schacht ist ein Viereck von vier Stücken Holz zusammen gelattet, die eine gleiche Länge und Weite mit dem Schacht haben. Solches Viereck wird auf zwey Stempel gelegt, welche an den Stössen des Schachts im Hangenden und Liegenden eingetrieben werden, den Trag-Stempeln gleich. Dies nennt man: die Jöcher in einander fallen. Wenn sie faul werden, so heißt es: die Jöcher haben sich im Nassen verschlimmert.

Irre fahren, ist so viel, als aus der Stunde oder Rich-

Richtung fallen, wenn man ohne Anweisung des Markscheiders einen Durchschlag machen will, aber den begehrten Ort verfehlet, mit Schaden zurückarbeiten muß und vergebliche Kosten angewandt hat.

Junge, Berg-Junge, ist der den Berg oder Erz zum Ausfördern ausschlägt.

K.

Kälber-Zähne heissen die zugespitzten Chrystallen an den Drusen.

Kamm, ein hartes festes Gestein, so unter dem wilden Gestein mit liegt.

Kamm schießt vor, d. h. ein festes Gestein giebt sich an.

Kamm verdruckt den Gang, d. h. das feste Gestein läßt den Gang nicht durch.

Kappen, sind die Hölzer, welche in den Stollen über die Thür Stöcke gelegt werden, 2) welche im Schacht den Jöchern entgegen liegen, daß sie nicht zusammenfallen, 3) eiserne Schienen, die man über die Reiffen an den Tonnen und Kübeln, dieselben zu befestigen, bringet.

Kappen-Eisen, ist das eiserne Band über den Bleuel, 2) einem einfachen Stangen-Eisen gleich, nicht so dick, welches an die Zug-Stangen gebraucht wird. Es hat ein viereckigtes Loch, daß man die Stange an den Krums, der an der Schacht-Stange angeschroben, anhangen kann.

Karrn-Läuffer sind, die das gewonnene in Berg-Karrn fortrücken. Berg-Knechte oder Jungen.

Karrn-Stege ist ein doppeltes Quer-Eisen am Karrn.

Kasten-Gänge, werden die am Tage herausgeförderten Gänge genannt, welche die Ausschläger in gewisse Kästen zum Ausschlagen vor sich stehen haben.

Kasten schlagen heißt, wenn man in der Grube eine gewisse Weite gebrochen, und starke Stempel in das Hangende und Liegende angetrieben hat, alsdenn quer über Stangen legt, daß man den Berg darauf stürzen kann, und ihn nicht erst zum Tage ausfördern darf. Dergleichen werden öfters einige neben einander hingeschlagen, damit sie das flüchtige Gestein aufhalten, auch zugleich das Hangende und Liegende erhalten, daß es nicht so leicht herein schieben kann.

Kasten-Stangen sind die Stangen, welche beym Kasten schlagen quer über die Trag-Stempel gelegt werden.

Kaue ist die hölzerne Hütte, welche über die Schächte gesetzt wird, daß es nicht hinein schneye, regne, niemand hineinfalle, und die Haspel-Zieher gegen Regen und Wind sicher darin stehen können.

Kauff-Kühn die Theile machen heißt, wenn ein reicher Anbruch in der Grube erfolgt, daß die Kuxe in Werth kommen, und der Preis derselben beym Kauffen steigt.

Kehr-Rad ist das Rad, welches rechts und links umgetrieben werden kann, an dessen Welle der Korb und das Brems-Rad ist. Es ist, wie ein anderes Wasser-Rad, gestaltet, nur darin ist es besonders, daß es drey Kränze und doppelte Schauffeln hat, die verkehrt sind, daß man es durch aufgeschlagnes Wasser so wohl vor- als rückwerts treiben kann.

Keil ist das zugespitzte Eisen, welches man zwischen die Klüfte treibt, um diese zu zerbrechen.

Keil-Berg wenn ein Gang sich in zwey Trümmer theilt, so bleibt zwischen solchen ein blosses taubes Gestein stehen, welches der Keilberg heißt.

Keil-Fäustel ist ein ziemlich grosser Hammer, womit der krumme und einfache Zapfen in der Welle verkeilt wird.

Keil-Haue ist ein eisernes zugespitztes Werkzeug, einem Keil gleich, mit einem hölzernen Stiel versehen, womit die Häuer das nicht gar feste Gestein los hauen. Runde Keil-Haue, ist die, welche nicht scharf, sondern vorn breit ist, und wird blos dazu gebraucht, daß das zusammen gefrorne Erz damit von einander geschlagen wird.

Keil-Hauen-Gebürg oder Gestein ist von so geringer Festigkeit, daß es mit Keilhauen gewonnen werden kann.

Keil-Haue erlegen heißt an die gebrochne und abgenutzte Keilhaue ein Stück Eisen schweissen, daß sie ihre vorige Gestalt wieder bekommt.

Kerb-Holz ist ein Stück Holz eines Fingers breit und ein Glied lang, worauf der Bergmeister seinen Namen brennt oder durch ein anders Zeichen kenntlich macht. Er gebraucht es die Bergleute zu citiren, und wem er es zuschickt, der muß vor ihm oder dem Berg-Amte erscheinen.

Kessel ist ein Loch mitten im Göpel, welches an viertehalb Ellen tief und viereckig ausgezimmert ist, also, daß es unten auf zwey Ellen lang und breit, oben aber auf fünftehalb Ellen lang und breit ist. Darin wird der hölzerne Klotz gelegt, welchem man die Pfanne mit der Spur einsetfest, und darauf die Spindel stellt. 2) Wenn durch ein enges Loch in der Grube viel loses Gestein einfällt, daß das Loch oben weit wird, so heißt es gekesselt oder kesselt sich aus, und der Ort ein Kessel.

Kieß-Ziemer sind die Lehnträger oder Eigenlöhner, welche eigene Kieß-Zechen bauen, s. Einspänniger.

Kittel ist das Oberkleid bey der bergmännischen Tracht, und wird aus schwarzen Parchent oder Leinwand gemacht.

Kittel eng machen sagt man, wenn das Gestein sehr fest wird, daß der Häuer nicht darauf fortkommen kann.

Klamm gellige Felsen ist so viel, als sehr hartes Gestein.

Kleinen heißt die Gänge zerschlagen.

Klein Erz sind die sehr kleinen Stücke, so sich beym Ausschlagen des Erzes sammlen. Heißt auch gequetscht.

Klemmig ist fest, als klemmig Gestein, festes Gestein oder Gebürg.

Kloben-Glied oder Ring ist ein Ketten-Glied, welches man in das eiserne Seil hängen kann, wenn es zerrissen oder gesprungen ist.

Kloz ist der große Fäustel, damit die grossen Wände zersetzt werden.

Klub ist eine Zange, damit der Bohrer, wenn er im Loche abbricht, gefasst und heraus gezogen wird.

Klufft ist der Ort, wo sich das Gestein von einander begiebt, und in dem Zwischenraum Erz enthält, das zuweilen nur wie eine Messerschneide bis-

bisweilen wie ein Strohhalm mächtig ist. Das Streichen ist wie bey Gängen. Es giebt 1) Quer- oder Creutz-Klüffte, die da quer über den Gang streichen und ihn zertheilen, 2) ferner die Ortschickig über den Gang kommen, und ihn in Gestalt eines Andreas-Creutzes durchsetzen. 3) die zum Gang fallen oder örtern, und sich mit ihm vereinigen. 4) Hang-Klüffte, die am Tage sich einstellen, und ins Liegende oder Hangende setzen, aber nicht in die Teuffe fallen. Sie heissen daher auch Tag-Klüffte, Tag-Gehänge. Die Klufft thut sich auf heißt, sie wird mächtiger, breiter, vergrössert sich in der Dicke.

Klüffte tragen Wasser, wenn sie nicht offen sind, und kein Wasser fallen lassen.

Klüffte tragen Wasser zu, d. h. den Gebäuden fällt auf den Klüfften viel Wasser zu.

Knappe ist ein Bergmann.

Knapper, Knapheiß ist ein Knabe, ein junger Bergmann.

Knappschaft ist die ganze Gesellschaft der Bergleute, so auf Bergwerken zu arbeiten haben.

Knauer ist ein äuserst fest zusammen haltendes Gestein oder Bergfeste, darauf kein Berg-Eisen anfassen will, sondern ohne Würkung abgestumpft wird. Solches Gebürg muß durch Brennen und Feuersetzen mürbe gemacht und dann gewonnen werden. Wo die Bergleute dergleichen antreffen, sagen sie: Es bäumt sich ein Knauer vor dem Sitz-Pfal auf.

Knaurige Gänge, darin solche Knauer vorfallen.

Knebel ist ein Holz zwey Zoll breit und acht Zoll lang, in der Mitte gekerbt, und wird in Ermangelung

gelung eines Hakens in das Seil und Kübel gesteckt.

Kniebügel sind rund geschnittene Leder, so die Bergleute um die Knie binden, welche theils zum Zierrath, theils der Arbeit wegen zur Unterlage, wenn sie kniend arbeiten müssen, dienen.

Knoten heißt der Tocht im Gruben-Licht.

Kolben ist das Ende des Trag-Stempels, so in das Bühnloch gestellt wird; 2) ein rundes Klötzchen, welches in der Mitte ein Loch hat, damit man es in oder an der Zug-Stange fest macht, und bey den Künsten durch die Kolben-Röhren Wasser damit zieht; 3) mehrere Bedeutungen s. im zweyten Theile.

Kolben-Röhre ist eine eiserne oder mit eisernen Reifen beschlagene Röhre, darin der Kolben geht und hebt. Wo das Wasser so scharf ist, daß es das Eisen zerfrisst, da werden diese Röhren von Holz gebraucht.

Kollern der Kunst ist, wenn die Kunst von selbst stehen bleibt oder etwas daran zerbricht. Das Seil kollert, wenn es sich verwickelt oder gar zerreisst.

Kombe ist so viel als Camerad, wie der Bergmann, der mit andern zugleich auf einem Bergwerk arbeitet, von diesem genannt wird.

Korb ist der obere Theil an der Spindel am Göpel, gleich einem Gehäus, darum das eiserne Seil liegt.

Korb-Stangen sind die ersten Stangen am Krumm-Zapfen.

Krail ist ein Werkzeug, wie eine Kratze mit fünf eisernen Zacken und einem Oehr, damit das gröb-

 ste

ste Gebürg und Erz von dem kleinen gesondert und in die Tröge gezogen wird.

Krätze ist ein eisernes Werkzeug, welches in der Mitte breit, unten und oben spitzig ist, mit einem Oehr, darin ein hölzerner Stiel gesteckt wird. Das Erz wird damit in die Tröge gezogen.

Kreißen heißt, wenn die Halden durchsucht werden, ob noch etwas Gutes darin steckt, 2) so viel als kleinen s. oben.

Krums ist ein starkes Eisen, so anderthalb Viertel Ellen lang und mit Löchern versehen ist; welches man durch Schrauben an die Kunst-Stangen befestigen kann; in der Mitte geht ein Arm auf 4 Zoll lang vor, der vorn ein Loch hat, dadurch man eine Feder stecken kann, daß die Zug-Stange oder das Kappen-Eisen nicht davon abfährt.

Krummer Zapfen ist ein von starken Eisen besonders geformtes Werkzeug, welches in die Welle des Kunst-Rades fest eingekeilt ist, und am andern Ende mit der Korb-Stange so zusammen hängt, daß es sich darin drehen kann, zwischen diesen beyden Enden ist es nach der Seite zu im halben Zirkel-Bogen gekrümmt. Nach dieser besondern Gestalt haben seine Theile ihre eignen Namen erhalten. Das keilförmige Ende, welches in der Welle fest sitzt, heißt der Bleuel. Das von diesem grade hervorstehende Stück ist der Hals, woran ein Zapfen-Klotz liegt. Vom Hals ab entsteht der Cirkel-Bogen, oder Arm, welcher beym Umdrehen des Rades die Hebung macht, am Ende des Arms geht ein Stück Eisen, wie der Hals, vor und ist am Ende mit einem Knopf versehen, dies heißt die Warze, an welcher die

Korb-

Korb-Stange befestigt und herum geführt wird, das Gestänge, welches mit der Korb-Stange zusammenhängt, damit hin und her zu leiten.

Kübel, s. Berg-Kübel.

Kübel anholen, wenn man merkt, daß beym Aufwinden der Kübel festhängt, so windet man zurück und wieder auf, damit er beym zurückziehen losläßt.

Kübel die Teuffe suchen lassen heißt in die Tieffe bauen.

Kübel mit Walzen versehen werden in flachen Schachten gebraucht, damit sie desto schleuniger hineinlauffen und nicht so leicht überstürzen können, welches die Arbeit sehr befördert.

Kübel und Seil einwerfen heißt, wenn der Schurf sehr tief geworden, zur Ausförderung der Berge einen Haspel setzen.

Kübel und Seil fahren lassen heißt kein Bergwerk mehr bauen, der Zeche den Rücken kehren.

Küh-Kamm, ein Beil mit starken Nacken, wie eine Axt, so der Steiger in und außer der Grube braucht.

Küh-Schicht eine Schicht von 12. Stunden.

Künstel hangen heißt betrügen.

Künstel langen einem heißt einem etwas zu thun machen.

Kumpe ist auf dem Harz so viel als Cammerad.

Kunst s. Kunst-Zeug.

Kunst ausschuhen ist das Leder von den Kolben abmachen.

Kunst-Fäustel, ist ein ohngefehr 3 Pfund schwerer Hammer, damit wird auf den Setz-Stempel geschlagen und werden die Ringe um die Kunst-Schlösser angetrieben.

Kunst-Graben ist der Graben, darin das Wasser auf das Kunst-Rad geführet wird.

Kunst hat den Hut verlohren, wenn die Kunst übersunken ist, daß sie keine Gewalt mehr hat, die Wasser aus einer solchen Teuffe zu heben.

Kunst hengen, eine Wasser-Maschiene aufrichten.

Kunst-Knecht ist der, welcher den Kunst-Steiger hilft, seine Arbeit zu verrichten.

Kunst kollert s. Kollern.

Kunst-Leder, das Leder, damit die Künste das Wasser zu halten geliedert werden.

Kunst-Stangen, die langen Stangen, so in den Schwingen stehen und vom Rade hin und her geschoben werden, 2) die Stangen, so in dem Schacht auf die Leitungen schieben.

Kunst-Steiger ist der Bergmann, der die Kunst unter seiner Aufsicht hat, daß sie richtig geht, und was daran schadhaft ist, bessern läßt. Er hat dazu Leder, Fett und Eisen in der Verwahrung.

Kunst-Winde, ein Werkzeug, damit die Kunst-Stangen, wenn sie gebrochen, zusammen gerichtet und also in einander gefüget werden.

Kunst-Zeug ist eine Maschiene, die Wasser dadurch aus den Gruben zu heben. An einigen Orten heissen sie Wasser-Künste.

Kurze Schicht ist eine Arbeit von 6. Stunden.

Kux ist der 128ste Theil einer Grube, nach dem die Zechen oder Bergwerke eingetheilt werden. Man theilt auch die Bergwerke in Schichte, 32 Kux machen eine ganze Schicht, 16 eine halbe und 8 ein viertel aus. Vier Kuxe heissen ein Stamm oder ein 32 Theil und 22 Stamm ist eine ganze Zeche. Kux soll von dem ersten Erfin-

Erfinder dieser Eintheilung, Ruckus den Namen haben. Was Erb = Kuxe sind s. dies Wort. Deren werden von den Gewerken 4. gebauet. An einigen Orten haben auch Kirche, Schule, Stadt oder Gemeine, auch die Armen eine oder mehr freye Kuxe.

Kux-Kränzler sind beeidigte Leute, so die Kuxe verhandeln.

Kux Lohn bekommen heißt sich umsonst bemühen.

Kux = und Erz = Partierer sind Leute, die zum Nachtheil der Bergwerke den andern nichtswürdige Kuxe aufhängen, falsche Gewehr = und Zubuß = Zettel machen und die unangelegte Zubuß an sich bringen oder sonst untreu handlen, welches aber schwer gestraft wird.

L.

Lachter ist das gewöhnliche Maaß, ohngefehr viertelhalb Meißnische Ellen lang und wird in 80 Zoll abgetheilt.

Läng = Ort, wenn man einen Schacht niedersenkt und verspürt Erz in einer Strosse, so vom Haupt-Gang abgeht und ins Hangende oder Liegende sich wendet, so treibet man auf dieser Spur einen Ort, welcher Läng = Ort heißt. S. Auslängen.

Lang = Schicht ist 12 Stunden lang, wie die Küh-Schicht.

Latten s. Schacht = Stangen.

Lauer stechen, wenn vorliegende Gewerke auf Forttrieb des Stoll = Orts lauschen oder wenn sie mit Abstattung der Stoll = Steuer säumen oder mit Frist und Feder hauen, welches doch widerrechtlich ist.

Lauf-Karn ist ein Schiebkarn, womit Berg und Erz gelauffen, d. i. Erz hin oder her geführt wird. Deren sind Auslauf-Karn und Stoll-Karn, s. diese Wörter.

Leckmäulen, wenn die Gänge anfangen gut zu werden und Ueberschuß zu geben.

Ledige Berg-Art ist Gestein, welches ledig vom Metall ist oder doch nichts vorzüglich scheidungswürdiges enthält, s. mehr davon im zweyten Theil.

Ledig Nest finden, wenn man gedenkt, auf gutes Erz zu erschlagen und entweder taubes Gestein oder alten Mann antrifft.

Ledige Schicht, ledig schichten, wenn der Bergmann nach verrichteter ordentlicher Schicht, noch eine Weile arbeitet, die ihm besonders bezahlt werden muß.

Leg-Eisen sind Stücke Eisen auf der einen Seite scharf, auf der andern 4 Zoll dick und breit. Man braucht sie dazu, daß man sie in einem Riß des Gesteins und grosse eiserne Keile dazwischen setzt zur Losgewinnung der grossen Wände; 2) das Eisen über der Walze.

Lehn ist ein Feld von 7 Lachter lang und breit. Zwey Lehne machen eine Wehr, drey Wehre eine Fund-Grube, zwey Wehre eine Maasse oder 28 Lachter.

Lehn-Buch, Verleih Buch, darinn werden die Lehnschaften verzeichnet, wie einem jeden auf seine Muthung Zechen und Maassen, Hütten, Puch- und Schmied-Stätte vom Bergmeister verliehen worden.

Lehn-Häuer, Bergleute, welche Gruben und Lehnschaften auf Gewinn und Verlust zu bauen, von den Haupt-Gewerken annehmen.

Lehnschaft oder Lehnschacht heißt, zum Unterschied von Gewerkschaft, wenn drey oder vier Personen eine Zeche mit einander bauen.

Lehn-Träger ist der, welcher die Zeche in Lehn empfängt und als der erste Muther sich solche verleihen läßt.

Lehr-Häuer, s. Häuer.

Leich-Stein ist das eiserne breite Blech, damit man das Gruben-Licht putzt und den Knoten darin fortschiebt.

Leih-Tag, Verleih-Tag, Verschreibe-Tag ist ein gewisser Tag in der Woche, an welchem sich, wer da will, beym Berg-Amt seine Sachen kann bestätigen lassen.

Leit-Arm ist die Kunst-Stange, welche in dem Bergwerks-Schacht nicht gleich nieder, sondern quer hineinschiebt.

Leit-Nagel ist ein langer Nagel, welcher unter im Hund zwischen die vordern Räder geschlagen wird, da er denn seinen Lauf zwischen den Stollen-Gestänge führt und den Hund leitet, daß er nicht von der Spur oder Gestänge abweichen kann.

Leit-Stempel, Wehr-Stempel sind vorzüglich bey Künsten und Strecken-Gestänge üblich. Sie werden so eingerichtet, daß sie, nachdem die Strecken Krümmungen haben, durch zwey darnach gebildete Arme, das Gestänge von der einen Seite empfangen und nach der andern leiten.

Licht-

Licht-Löcher sind Schächte, die vom Tage herunter auf die Stollen gesunken werden, durch welche entweder die Berg-Förderung geschieht oder welche der Luft und Wetter wegen erhalten werden; auch einen wandelbar gewordenen Stollen zu verbessern, gute Gelegenheit geben.

Liegend ist die Seite des Gesteins, darauf der Gang, wenn er flach oder schreg oder Donlegigt fällt, liegt und ruhet. Hievon ist Liegendes dasjenige, worauf der Gaug ruhet. Wenn man im Schacht fährt, so ist das Liegende die Seite, da man das Gesicht gegen kehrt.

Lieg-Stunde ist die Ruhe-Stunde. Gewöhnlicher wird sie von Bergleuten Aufsez-Stunde genannt.

Loch-Ort-Stein sind die zwey Steine, welche man bey Vermessuug eines Feldes nach Ausgang der 14 Lachter auf beyden Seiten des Quadrats vom Pfahl aus, in einer graden Linie gegen einander über setzt.

Loch-Ort und Mittel-Steine sind solche Loch-Steine, die man auf des graden Linie zwischen die Loch-Ort-Steine setzt.

Loch-Stein ist der Grenz-Stein, welcher auf die Mark- oder Grenz-Scheide eines Quadrat-Feldes, nemlich einer Fund-Grube oder Maasse am Tage gesetzt wird, daran man das Ausgehen des Feldes sehen kann. Es wird ein Creutz, auch die Jahrzahl und Namen des Ganges und der Maassen darauf gehauen.

Loch-Stein in der Gruben fällen ist, wenn der Markscheider in der Grube den Ort angiebt, wo nach des am Tage gesezten Lochsteins Gerechtiglet sich die benachbarten Felder trennen, und die wahre Grenze zwischen ihnen ist, und alsdenn die Berg-Beamte ein Zeichen dahin schlagen, welches die Erb-Stuffe genennt wird.

Löse-Stunde ist die Zeit in der die Arbeiter sich einander in der Grube ablösen.

Lohn auf heben oder ausschlagen heißt den Arbeitern wegen gewisser Verbrechen den Lohn zurück behalten.

Lotten sind grosse hölzerne Röhren, das Wasser durch die Schächte darin auf die Kunst-Räder und wieder davon zu bringen, daß man doch in solchen Schächten darneben fahren und arbeiten kann, 2) Wetter-Lotten sind dicht zusammen geschlagene im Quadrat gebildete bretterne Kasten von der Länge und Breite eines Bretes. Es werden derselben etliche der Länge nach an einander gestossen und wohl verwahrt, daß keine Luft irgend durchdringen kann. Sie dienen, die Wetter darin zu zwingen und fortzuführen.

M.

Maaß, das Bergmännische bestehet aus Lachtern.

Maassen oder Massen ist die Zeche, oder das vermessene Feld, welches nach einer Fund-Grube auf eben demselben Gang aufgenommen wird. Dies Feld ist nach Freyberger Art 40 Lachter oder 140 Ellen lang, nach Obergebürgischer und anderer Gewohnheit ist es 28 Lachter lang viertehalb Lachter ins Hangende und eben so viel ins Liegende breit. Diese Maassen können auf beyden Seiten der Fund-Grube aufgenommen und gebauet gehauet werden. Die, welche über der Fund-Grube das Gebürg hinaufwärts gestreckt werden, heissen die Obern, welche aber das Gebürg hinunterwärts liegen unter den Fund-Gruben, heissen die Untern Maassen.

Maaßner ist der einige Maassen gemuthet und aufgenommen hat.

Mächtige Gänge oder Anbrüche sind breite, grosse und starke Gänge, die also einen grossen Vorrath von Erz enthalten.

Mantel s. Saalband.

Markscheide ist der Ort oder die Grenze, wo eine Zeche ausgehet und die andere, welche mit jener rainet oder grenzt, wieder anfängt.

Markscheiden ist eine Kunst, durch deren Hülfe die Stollen und Gruben-Gebäude in und ausser der Erde mit ihren Winkeln abgesteckt werden, die gerade Teuffe vom Tage auf einen Ort zu weisen, wie viel nemlich derselbe höher liegt oder tiefer, als ein andrer und wie weit die Oerter der graden Linie nach, von einander liegen u. s. w.

Markscheider ist ein Berg-Bedienter, dem die Ausmessung des Bergwerks anvertrauet ist. Er muß wissen und erfahren können, wo man mit einem Ort in der Grube oder auf den Stollen steckt; er muß anweisen, wo man mit Durchschlägen zusammen kommen, wo man Gänge mit Oertern erbrechen soll; er muß die Ortungen an Tag bringen, Licht-Löcher auf Stollen angeben, die Haupt-Stunde des Ganges abstecken, Loch-Steine in die Gruben fällen, Markscheid-Linie angeben und die Gebäude mit ihren Stollen, Schächten, Strecken, Klüfften und

und Gängen auf einen Abriß bringen, daß man deren Beschaffenheit auch ausser der Grube sehen kann.

Markscheiders Werkzeug, dazu gehört eine gezwirnte Schnur von 100 Lachtern, ein Perpendickel, eine bastene oder gezwirnte und in Oel gesottene Schnur von 6 Lachter, da an jedem Ende eines Lachters ein kleiner Kloben und dabey ein Blech mit der Lachter-Zahl eingeflochten ist, ein Maaß-Stab vom halben Lachter in 50 Zoll abgetheilt, ein halb Duzend Schrauben, die Schnur zu befestigen, eine Wasser-Waage, ein Häng-Compaß, ein Zug-Instrument, womit der Zug sohlig oder dem Horizont nach parallel zugelegt und zu Papier gebracht wird, eine Schreib-Tafel, ein guter Hand-Cirkel, ein Winkelmaaß, auf Meßing gerissene grosse und kleine Maaß-Stäbe, zwey runde meßingne Scheiben, wie der Häng-Compaß in 24 Stunden und jede Stunde in 8 Theile abgetheilt, welche auf Eisenbergwerken statt des Compasses gebraucht werden, Transporteurs, eine Tasche zu den Instrumenten, ein polirter Magnet-Stein, mit aufgezeichneter Mittags-Linie, die Magnet-Nadel darauf anzufrischen, wenn sie matt geworden, und endlich ein Setz-Compaß.

Markscheide-Stuffe ist ein Kreutz, das am Ende der Zeche in der Grube in das Gestein gehauen wird, s. Erbstuffe.

Massen s. **Maassen.**

Maz-Hammeln, Blinde Häuer im Register führen, wenn die Schicht-Meister Schichten oder Gezähe im Register aufführen, die nicht gearbeitet und nicht angeschafft sind.

Maut-Erz, welches nicht Gang, sondern Stockweis bricht.

Metallische Berg-Art ist eine Stuffe oder Handstein, der zwar gut aussieht, aber doch ohne Erz ist.

Metallische-Gebürge, darin fündige Gänge zu erbrechen sind.

Metallische Mittel, darin fündige Gänge liegen.

Metallische Revier sind Metallische Gebürge.

Mienen sind die Gold, Silber, Kupfer und Eisen-Gänge.

Mittag ist das Lager oder Gehänge, die Seite des Gebürges gegen Mittag. Wenn es vom Mittag ein flach abgesenktes Thal vor sich hat, so wird es für das geschikteste zu Erz-Gängen gehalten.

Mittel-Gebürg s. Gebürg.

Mögliche Gänge heißen die reichen fündigen Gänge, aus denen gutes Erz kommt.

Morgen-Gang ist der dem Compaß nach sein Streichen von 3 bis 6 führt. Man sagt daher: Der Gang hat sein Streichen Morgenweis. Diese Gänge werfen ihre Donlage entweder gegen Mitternacht und Abend oder gegen Mittag und Morgen.

Morgen-Gespräch oder Sprache halten, wenn die Beamte zusammen kommen und mit den Steigern verabreden, wie die Gebäude anzustellen.

Mund-Loch ist des Stollen Ausgang, wo die Wasser aus dem Stollen an dem Tag kommen, und wo man mit der Stollen-Firste unterkrochen ist. Es soll wenigstens 1 Achtel Lachter weit und 1 und 1 viertel Lachter hoch seyn, auch offen gehalten werden, damit man nach Erforderung bis vor Ort fahren kann und die Wasser weg und zum

Mund-

Mund-Loch heraus fließen können. Wird dies nicht beobachtet und leiden die vorliegenden und tiefern Gebäude wegen Unvorsichtigkeit des Stöllners durch die Wasser Schaden, so soll der Stöllner auf Erkenntniß des Berg-Amts den Schaden vergüten und inzwischen das Neunte entrathen.

Muthen geschieht, wenn der Finder des Ganges dem Berg-Meister durch einem Zettel anzeigt, wie er an einem Orte im unverliehenen Felde eine Fünd-Grube oder eine ins Freye gefallene Zeche annehmen wolle und sie zu bauen begehre, welches der Berg-Meister nicht abschlagen darf. Der ein solches Zettel eingiebt, heißt der **Muther** und Lehnträger.

Muthung wird erlängert, wenn ein Muther aus gewißen Ursachen zur Bestätigung nicht kommen kann, so wird die Muthung auf 14 Tage beygelegt und bleibt bey ihrer Kraft, daß sie nicht wieder ins Freye fällt.

Muthung wird bestätigt, wenn der Muther 4 Wochen nach der Muthung sich mit der Fünd-Grube belehnen und durch den Bergschreiber die Form des Lehn-Zettels in das Berg-Buch eintragen läßt.

Muth-Zettel ist der Brief, darin man nach dieser Formel muthet: „Wohl Ehrenvester Herr Berg-„Meister, ich muthe und begehre meines gnä-„digsten Herrn Freyes, als eine Fund-Grube, „samt obern und untern nächsten Maassen auf „einem stehenden, (flachen oder Spat) Gang, „der N. N. genannt, auf N. N. Gütern gele-„gen. Vormittag um N. N. Uhr.“ Zulezt wird noch der Tag des Monats und die Jahrzahl nebst dem Namen des Muthers beygefügt.

Muth-Zettel einlegen ist Muthen.

N.

Nachschlagen oder Nachgewinnen ist die Erde oder Gänge, wenn sie verschrämet, losschlagen und gewinnen; 2) so viel als nachbrechen oder auf eben dem Drum oder Ort des Ganges mit Schlägel und Eisen fortarbeiten.

Nacht-Schicht, wenn die Arbeiter des Nachts anfahren müssen. Und

Nacht-Schichter ist ein solcher Arbeiter.

Nest ist Erz, so Klumpenweise im Gestein sitzet, weder zu Gang streichet, noch Hangendes oder Liegendes hat. Nieren bedeutet eben dies. Daher Nester- oder Nierenweise liegende Erze.

Neu-Fänger ist der erste Finder und Aufnehmer eines Ganges, 2) der die letzten Massen muthet.

Neu-Gänger, der den Gang entblößt und ergangen hat.

Neuntes, Neuntel, Neuntheil ist der neunte Theil vom Metall oder Erz, der den Stollnern als ihre Gebühr zukömmt. Er wird in das Gantze oder Volle und in das Halbe getheilt.

Nierenweis s. Nest.

Noth-Schnitt thun heißt wenn jemand seine Gebäude nicht mit Nutzen anstellen und betreiben kann, sondern, wo mit Erzen Einnahme zu machen ist, nur solche annimmt, um sich nur die Kosten zu verschaffen.

O.

Ober-Berg-Amt s. Berg-Amt.

Ober-Berg-Amts-Verwalter s. Berg-Amts-Verwalter.

Ober-Berg-Meister, kann der oberste Bergmeister seyn, welcher allen übrigen Berg-Beamten im gewissen Distrikt zu befehlen hat, s. Berg-Meister.

Ober-Einfahrer s. Einfahrer.

Ober-Steiger ist ein beeidigter Bedienter, der die Arbeiter anweisen und auf ihre Arbeit sehen muß.

Oerter s. Ort, 2) die Spitzen an den Berg-Eisen.

Oerter ausschmieden heißt die Berg-Eisen spitz machen, daß sie auf dem Gestein wohl stehen und fassen.

Oerter-Geld sind die Schmiede-Kosten für das Schärffen der stumpfen Eisen.

Oerter pflöcken, die Oertungen zeichnen.

Oerter sind eingekommen, auf einander durchschlägig worden.

Oertungen sind Zeichen, so im Gruben-Gebäude im frisches Gestein eingehauen werden.

Ort ist in der Grube die Stelle, wo nach Erzen gearbeitet wird, so weit bisher getrieben worden. Wenn man an solche Stelle fährt, und nicht weiter fahren kann, so sagt man: vor gantz Ort kommen.

Ort-Häuer ist der Bergmann, welcher vor Ort arbeitet.

Ort-Päuschel ist ein eiserner Fäustel, wie ein Hand-Fäustel, aber noch zweymal so schwer, der etwas gröberes Gestein zu gewinnen gebraucht

 wird

wird, da solches mit dem Hand-Fäustel nicht geschehen kann.

Ort-Pflock oder Pfahl ist ein kleiner Pfahl, der am Tage eingeschlagen den Ort anzeigt.

Ort treiben, nach vorliegenden Gängen arbeiten.

Ortung ist der abgezogene Ort in der Grube, der mit einer Stuffe bezeichnet ist.

Ortung gewinnt das Gestein ist wenn das Gestein absetzt.

Ortung zu Tag ausbringen ist, einen Pflock zu Tag einschlagen, der anzeigt, wo der Ort in der Grube ist.

Ortweise auf dem Gang auslängen heißt vom Haupt-Gange einen Ort auf zufällige Klüffte auslängen s. Auslängen.

P.

Päuschel ist ein grosser Hammer, dergleichen es doch auch an Größe unterschiedene giebt, einige mit einer, einige mit beyden Händen nur geführt werden können, welche das Erz und die Schlacken zu zerschlagen oder zu päuschen gebraucht werden.

Päuschen heißt zerkleinen, zerschlagen.

Parte s. Berg-Parte.

Par-Kopf ist ein grosses Stück Erz.

Pause, Pose, Puse, Busse, eine gewisse Arbeitszeit, die kürzer ist, als die ordentliche Schicht, dadurch also die Arbeit nur ruckweise geschieht. Die Bussen werden zuweilen auf den Nachmittag oder einen Tag der Woche gesetzt. Die Sonnabends Busse wird oft besonders bezahlt, wenn es nicht die catholische Busse ist, bey welcher

alle 14 Tage die Arbeiter des Sonnabends von 5 bis 10 Uhr auf dem Harz zu bohren, oder andere Verrichtungen haben. Es giebt daselbst auch alle 14 Tage des Sonnabends eine Dableibers-Busse, in welcher die Bergleute dem Untersteiger beym Schiessen behülflich seyn müssen. s. Busse.

Pfad-Eisen sind die umgebognen Eisen, welche auf den Haspel-Stücken liegen, in welchen die Zapfen des Rund-Baums gehn.

Pfad-Kopf, s. Pat-Kopf.

Pfännle, Pfännlein ist im Göpel eine drey Zoll breite und fünftehalb Zoll lange, von Eisen wohl geschweißte, mit einem glatten Boden versehene Pfanne in der Gestalt einer länglichen Schachtel, welche in einem grossen hölzernen Klotz eingemeisselt und in die Mitte des Kessels unter der Spindel eingerichtet wird.

Pfahl-Päuschel ein Hammer von vierzig Pfund, womit die Getrieb-Pfähle eingeschlagen und die grossen Erz-Wände zerschlagen werden.

Pfeiler ist ein Stück Gestein, welches man in der Grube zur Unterstützung der First und Verhütung des Bruchs stehen läßt.

Pflock, s. Schieß-Pflock.

Pfützen, heißt das Wasser aus den Gruben schöpfen.

Pfütz-Eimer, ein Gefäß, damit das Wasser geschöpft wird.

Pfütz-Schüssel, ein flaches Gefäß von Blech, damit das Wasser rein ausgeschöpft und gepfützt wird.

Pfuhl-Baum ist der Baum, an welchem der Korb des Göpels gemacht ist, daran das eiserne Seil geht.

Pfuhl-Eisen, s. Pfad-Eisen.

Pfund ist ein Stück Holz in dem Bleuel, darin der krumme Zapfen umgeht.

Pinge, s. Bünge.

Polzen, ein Stück Holz, wie ein Stempel, das man unter eine Wand die sich aufgethan oder gezogen hat, setzt. 2) Die dem Schacht nach aufrecht stehenden Stempel, worauf die Geviere ausser ganzen Schrot gelegt werden, wenn alle vier Seiten des Schachts verschossen und verzimmert werden müssen. Dies heißt: auf Polzen zimmern. 3) Auf Polzen stehen, wenn die Bergleute in ihrer Arbeits-Zeit eine unerlaubte Feyer machen und damit sie nicht von einem vorgesetzten Beamten überrascht werden, jemanden in der Kaue oder im Horchhäusel auf die Wache stellen, der ihnen, wenn ein Beamter komt, Nachricht geben soll; dieser steht auf Polzen.

Pose, s. Pause.

Prammern sind Ritzen, so mit den Berg-Eisen in das Gestein geschlagen werden.

Q.

Quartal-Stuffe ist ein Zeichen, welches die Geschwornen in das Gestein hauen, um zu sehen, wie viel das Quartal über aufgefahren sey.

Quelle hauen heißt, wenn die Strossen Wasser nöthig sind, im Liegenden ein Gerinn hauen, daß das Wasser darauf abläuft.

Quengel, ein eiserner Ring am Kübel, daran das Seil befestigt ist.

Quer-

Quer-Gestein, das zwischen den Bergwerks-Gängen steht.

Quer-Klüffte, s. Klufft.

Quer-Schlag, ein Ort, so vom Haupt-Gang durch Quer-Gestein nach neuen Gängen getrieben wird.

R.

Rabisch, die Kerbhölzer, darauf man ehedem die Berg-Kosten anschnitt, daher auf dem Rabisch anschneiden.

Rad-Stube, das Gebäude in oder ausser der Grube, worin das Kunst-Rad angebracht ist.

Rad-Stube abtragen, sie einreissen und hingegen sie antragen ist solche aufrichten.

Rad-Stubebrechen ist solche Weite in der Grube aushauen, daß das Rad darin angebracht werden kann.

Rad-Stube setzen, sie bauen.

Räum-Nadel, ein eisernes Instrument, womit die gebohrten Schieß- und Zünd-Löcher ausgeräumt werden.

Rasenberg heißt auch die Steinscheidung.

Rasen-Haupt, die erste Schicht Rasen am Damme des Teichs, solches setzen heißt diese Schicht legen.

Rasen-Kux ist unerbauetes Feld.

Räuberisch oder auf den Raub bauen, alles weghauen und keine Berg-Vesten stehen lassen, wobey der Nutzen der Nachkommen nicht bedacht wird.

Raub-Stollen werden vorgenommen, andern die Anbrüche wegzunehmen und bleiben denn liegen. Ist unerlaubt.

Ritz ist ein ins Gestein gehauener Schram, darin man Stück und Keile setzen kann, um verschrämte Wände los zu gewinnen.

Ritz-Eisen ist das zum hauen der Schrame gebräuchliche Eisen.

Ritzen heißt mit solchen Eisen arbeiten.

Rösche ist ein in der Damm-Erde zur Ableitung der Tage-Wasser mit dem Gebürge abhängig fallender Grabe. 2) Ein Grabe, der zur Entblößung der Gänge aufgenommen wird. 3) Das Aufsteigen der Stollensohle, damit das Wasser nicht stehen bleibt, sondern seine Rösche oder Abhang haben und ablauffen kann.

Röschen, Rösche treiben heißt einen solchen Graben führen.

Roll-Erde ist die lockere Erde, welche immer nachrieselt und einfällt.

Rost in der Grube, s. Sinter.

Rottmeister, hiessen ehedem die jetzigen Schichtmeister.

Ruhe-Bühnen, s. Bühnen im Schacht.

Rücken einer Zeche bieten heißt sie liegen lassen und nicht mehr bauen.

Rüschen, Rüsch treiben, s. Röschen.

Rüst-Bäume sind lange Bäume, so über alte Schächte gelegt werden, wenn solche wieder aufgenommen werden.

Rüsten heißt die Rüst-Bäume über die Schächte legen.

Rund-Baum, Ronn-Baum, auch Rehe-Baum ist das runde Holz, welches auf den Haspel-Stielen liegt, und auf welchem das Seil auf und abgewunden wird.

Rund-

Rund-Haue ist eine sehr breite Haue, womit die Rasen aufgehalten werden, wenn man schürffen und einschlagen will.

Ruthen-Gänger, der mit der Wünschel-Ruthe geht und Gänge damit sucht.

S.

Saalband des Ganges, Sahlband, Solband, Seilband, Saum, auch Besteg und Mantel ist die Scheidung des Ganges vom angrenzenden Gestein.

Sam-Kost ist Zubusse.

Sanft Gebürg ist wo die Berge langsam sich erheben. Das Gegentheil ist steil, sticklig.

Satz an der Kunst ist an der Kunst-Röhre eine gewisse Höhe, in welcher das Wasser aus den Gruben gehoben wird und besteht aus 3 Röhren, einem Ventil und eisernen oder Goß-Röhre. Man hat niedrige Sätze, welche das Wasser nicht über 5 Lachter und hohe, die es nicht über 12 Lachter heben.

Satz hinein richten, die Röhren recht in den Sumpf richten, damit das Wasser herausgezogen werden kann.

Satz liedern, den Holm mit neuen Leder versehen.

Saubern, s. aussaubern.

Schacht ist eine in die Tieffe abgesunkene oder gegrabene viereckigte Grube, wodurch man in die Bergwerke auf Leitern fährt und Erz oder Berg herausziehet.

Schacht abseigern, s. Abseigern.

Schacht austonnen heißt denselben mit Brettern verschlagen.

Schacht auswechseln, statt des faulen Gezimmers ihn mit neuem und frischen ausbauen.

Schacht verzimmern heißt ihn verbauen, daß er nicht einstürze.

Schacht belittern, s. Belittern.

Schacht fällen oder sinken heißt ihn immer tiefer machen und im Gestein niederbringen.

Schacht fassen heißt ihn die nöthige Weite geben, daß man bequem darin fahren und fördern kann; 2) Dem Schacht, wenn er schadhaft geworden, mit Wand-Ruthen und Einstrich-Spritzen zu Hülfe kommen, damit er noch eine Zeitlang erhalten werde.

Schacht-Holz ist das Zimmer-Holz, welches zur Auszimmerung des Schachts gebraucht wird.

Schacht-Hölzer, damit wird der Schacht, wenn durch ihn nicht mehr gefördert wird, zugelegt.

Schacht-Hütel oder Hütchen sind kleine Filz-Hüte ohne Rand, deren die Bergleute sich in und ausser den Gruben zu Bedeckung des Hauptes bedienen.

Schacht-Latten oder Stangen sind gespaltene kleine Bäume, daran die Kübel im Schacht auf- und niedergehen.

Schacht nachrichten heißt machen, daß ein Schacht gerade unter dem andern kommt.

Schacht-Nägel sind grosse eiserne Nägel zur Befestigung der Schacht-Latten. Schacht-Latt-Nägel heissen diese zu Zellerfeld, deren giebt es ganze und halbe.

Schacht ruhet auf zerbrochnen Beinen oder macht sich zum Gehen fertig heißt er wird wandelbar, bruchhaft oder feige.

Schacht-

Schacht sinken, s. Schacht fallen.

Schacht-Schienen sind starke eiserne Bleche, so an die Orte angeschlagen werden, wo die Schacht-Latten an einander gelegt werden, damit sich der Kübel daran nicht hemmen soll.

Schacht-Stange, s. Schacht-Latten.

Schacht-Stempel sind Hölzer, so auf beyden Seiten tief eingeschnitten und zwischen die Wand-Ruthen und Anfälle getrieben sind.

Schacht-Steuer, wird den Gewerken gegeben, wenn die Erz-Förderung von andern Gewerken durch jener Treib-Schacht geschieht.

Schacht- und Seiten-Tonnen sind Bretter, damit der Schacht ausgeschlagen wird.

Schacht zubühnen ist ihn mit Schacht-Hölzern zudecken.

Schacht-Erz ist Erz oder Berg, der sich vom Ganzen abgesondert und losgegeben hat. 2) Bey den Unterharzischen Bergwerken ist es ein Stück Erz, so vom Feuer zwar losgebrannt, aber noch nicht herunter gefallen ist.

Schal-Hölzer sind gespaltene Bäume, so in den Schächten hinter die Geviere gelegt werden.

Schar ist ein Einschnitt an Schacht- und Trag-Stempeln.

Scharen, wenn zwey Gänge zusammenstossen und sich miteinander schleppen. Daher

Schar-Gänge, die Neben-Trümmer genannt werden, welche dem Haupt-Gange zufallen. Man sagt: Ein Gang schart oder örtert dem andern zu, oder die Gänge schleppen sich mit einander. 2) Schar-Gänge sind zu Freyber die Gänge, welche nicht gerade auf Morgen,

Abend,

Abend, Mittag oder Mitternacht, sondern in der Mitte z. E. zwischen Morgen und Mitternacht rc. zustreichen.

Scheid-Latten sind Stangen, die in der Mitte auf die Tonnen-Bretter des Schachts angeheftet sind, damit die Kübel, deren jedesmahl zugleich der eine auf, der andere hinabgeht, sich nicht berühren oder hindern können.

Scheid-Werk ist das reine Erz, so in Gängen mit einbricht, besonders gesammlet wird und nicht darf verwaschen werden.

Schemel ist im Göpel des Fuhrmanns Sitz.

Schenckel der Fahrt sind die beyden langen Seiten-Hölzer, der Leitern daran die Sprossen befestiget sind.

Scherm ist die Fläche des Ganges am Hangenden oder Liegenden.

Schicht, die Zeit, wie lange der Bergmann an seiner Arbeit bleiben muß, welche verschieden ist und 6, 8, bis 12 Stunden ausmacht. 2) Der vierte Theil einer Zeche, nemlich 32 Kuxe. 3) Schicht machen heißt, von der Arbeit in der gesetzten Zeit gehen.

Schicht-Kuxe, s. Schicht. 2).

Schicht-Meister, s. Berg-Schicht-Meister.

Schicht verfahren, seine Arbeit redlich verrichten.

Schiede-Schacht ist ein Schacht, so der Markscheide wegen ins Feld gesunken ist. Daher ist

Schiede-Schacht ins Feld tragen einen solchen Markscheide-Schacht absinken.

Schiesser versetzen, die taube Bergart an die Oerter stürzen, wo das Erz ausgehauen ist. Wenn in Bergwerken die Erze mit Feuer losgebrannt

brannt werden müssen, so können keine Kasten gesetzt werden, sondern es wird statt dessen, von Schiefer-Stücken oder Stäcken eine Mauer gezogen, damit das dahin Gestürzte nicht zurückfallen oder hereingehen kann.

Schieß-Bleche oder Stücke sind die Eisen, welche zwischen die Spreitzen und Schieß-Pflöcke gelegt werden. Sie verhüten, daß die Spreizen von den Pflöcken nicht gespalten werden.

Schieß-Löcher sind mit dem Bohrer 30 bis 40 Zoll tief ins Gestein gemachte Löcher, darin eine Patron von Schießpulver gestopft und durch Anzündung derselben das Gestein zersprengt wird.

Schieß-Pflöcke sind runde Hölzer, durch welche ein Loch, das mit der Oefnung der Patron zusammentrift, gebohrt ist, welche in das Schieß-Loch über die Patron eingetrieben und mit Pulver gefüllt werden, welches durch Hülfe eines brennenden Schwefel-Fadens angezündet wird.

Schieß-Spreitzen sind Hölzer, welche auf die Schieß-Pflöcke gesetzt und an das Gestein angetrieben werden, damit bey dem Schuß der Pflock nicht zurückspringen kann und die ganze Kraft des Schusses in das Gestein wirket.

Schieß-Stücke, s. Schieß-Blech.

Schlägel, ein eiserner Hammer oder Päuschel; 2) der Ort in den Gruben, wo der Bergmann auf Gestein arbeitet. Daher vom Schlägel fahren so viel, als Schicht machen, bedeutet. Eben so ist auf meinen Schlägel fahren, nach meinen Ort fahren.

Schlägel behauen ist, wenn Geschworne oder Steiger beym Verdingen der Arbeit das Gestein anhauen

anhauen, zu erfahren, ob das Gestein fester oder weicher geworden um darnach das Geding einzurichten. Die Geschwornen haben daher auch ihr Stuffen-Geld zu erwarten.

Schlägel ist bauwürdig, trägt die Kosten heißt es sind reiche Anbrüche vor Ort, wo Erz gewonnen werden soll.

Schlägel löset immer den andern oder trägt den andern überrück heißt wenn gute Erze mit einbrechen, daß man die geringern dadurch verreichern und zu den Kosten kommen kann.

Schlägel und Eisen anführen heißt mit Schlägel und Eisen arbeiten, oder mit Handfeustel und Bergeisen Erz und Gestein losgewinnen.

Schlösser an der Kunst sind die Einschnitte an den Kunst-Stangen, da sie in einander gefugt und mit Ringen verbunden und zusammen getrieben werden.

Schlung-Röhre ist die unterste Röhre an der Pumpe oder am Kunst-Zeuge, so in dem Sumpf gerichtet ist, darin zuerst das Wasser steigt.

Schmale Gänge, werden den mächtigen entgegen gesetzt und sind nur wenige Zoll breit.

Schmeiß-Werk heißt Arbeit der Bergleute überhaupt. Sie nennen es auch Schmeißwerig und sagen: kann ich Schmeißwerk (Schmeißwerig) bey euch kriegen? d. h. kann ich Arbeit bey euch bekommen?

Schmeißwerick, s. Smeißwerk. 2) der mehr, als ordentliche Lohn, den jemand empfängt.

Schmiede-Kost ist das verdungene Geld, welches dem Bergschmied zur Verfertigung und Ausbesserung allerley Berg-Gezeuges gegeben wird.

Schnei-

Schneiden der Gänge, s. Durchschneiden.

Schneidig Gestein ist das mürbe leicht zu gewinnene Gestein.

Schnüren mit einander, an einander grenzen oder markscheiden.

Schnuppen, Zeche schnuppet, wenn man wegen Verlust der guten Erze oder Gänge statt der erhaltenen Ausbeute Zubusse geben muß.

Schnur ist ein Lehn von 7 Lachtern.

Schrämen heißt zwischen den Gang und Gestein hineinarbeiten, daß der Gang stehen bleibt, aber das Gestein weggebrochen wird.

Schram ist der Raum, welcher zwischen Gang und Gestein gemacht wird.

Schram-Häuer, hauen nur das Gestein fort, lassen den Gang aber stehen.

Schram-Hammer ist auf der einen Seite spitz, auf der andern mit einer Bahn, welcher im schneidigen Stein gebraucht wird.

Schrot ist das Gebäude im Schacht, so das Einfallen des Gesteins verhütet; 2) Das Gebäude an den Seiten der Rad-Stuben, daß das Rad ungehindert gehen kann. Heißt auch sonst Schrotwerk; 3) das kleine Gebäude über dem Rade, welches auf dem untersten Seul-Werk steht; 4) wo viele Geviere auf einander gelegt werden, deren ein jedes aus 2 Jöchern und 2 Kappen zusammengesetzt ist.

Schrot hat kein festes Gestein heißt, es ist nicht wohl verwahrt.

Schuhe heissen die kurzen Schwellen, darin die Spieß-Bäume ruhen; 2) die kleinen Hölzer an den Kunst-Stangen am Geschlitz, dadurch die

Steck-Nägel gehen; 3) die krummen Stücke unten an der Brech-Stange; s. Brech-Eisen.

Schürffen, Schurff werfen, am Tage einschlagen, Gänge und Klüfte zu entdecken.

Schützer ist der Bergmann, welcher in der Zeit des Treibens beym Kehr-Rad-Treiben das Wasser schützt und das Brems-Rad hemmet, welches ein kleines Rad an der Welle des Kehr-Rades ist und oben und unten mit zwey starken Hölzern durch eine Handhabe, die Brems genannt, gehemmt und aufgehalten wird, wodurch denn auch das Kehr-Rad zum stillstehen genöthiget wird.

Schurff ist die Grube oder das Loch in der Damm-Erde, so nach Gängen und Klüfften eingeschlagen wird; 2) die Grube, darin am Tage der Grenz- oder Lochstein gesetzt wird; 3) auch die kleinen Gruben heissen Schürffe, worin die Böcke der Tage-Kunst in der Damm-Erde befestiget werden.

Schurz ist die Kette über der Hänge-Bank, damit die Tonne gefangen und gestürzt wird, welche voll Erz oder Berg hinaufgekommen ist; 2) die Ketten an den Kunst-Stangen in der Grube heissen auch so; 3) Gleichfalls die Ketten, welche bey Zusammenfügung der Kunst-Stangen gebraucht werden; 4) das Stück Kette, womit das Holz, welches aus der Grube soll geführet werden, zusammengerüttelt wird.

Schuß-Bäume, Schuß-Bühne sind Hölzer, welche quer über den Schacht gelegt werden, damit der Bergmann darunter sicher arbeiten kann,

und

und, wenn auch eine Wand oder Tonne niederschiessen sollte, ihn solche nicht treffen kann.

Schwaden ist der schädliche Dunst in den Gruben, der von den flüchtigen schwefelichen und arsenicalischen Theilen, von dem Mangel der elastischen Luft seine tödtende Kraft erhält. In denen Gruben ist er am häufigsten, wo viel geschossen und gebrannt werden muß und wo die frische Luft nicht genug durchstreicht.

Schwäbische Gänge sind schwebende Gänge s. Flez.

Schwebend Feld, ein Feld, das oben und unten, hinten und vorn verfahren ist.

Schwebende Firft heißt, da auf der Firft die Erze über sich verfahren und mit über sich brechen gewonnen werden.

Schwebende Gänge sind die in 10 Lachter seiger und nach dem Cirkel-Bogen nur fünf und einen halben Grad fallen. Dicke schwebende Gänge sind die mächtigen von einen halben, ganzen oder mehr Lachtern, schmal schwebende sind nur einen Spann oder Zoll breit. s. Flez.

Schwebende Sprossen sind, die durch über sich brechen gewonnen werden.

Schweiff ist eigentlich eine gefärbte Steinart, die von den ausgehenden Gängen am Tag in der Damm-Erde sich zuweilen spüren läßt, nach welcher man sich beym Ausschürffen der Gänge richten muß. s. Ausgehende, Ausgehen.

Schweißwerig s. Schmeißwerig.

Schwellen sind Hölzer, welche über die Pfulbäume neben der Hänge-Bank liegen, und in welchen die Haspelspitzen stecken.

Schweng-Baum s. Trifft.

Schwengel ist die Handhabe an der Pumpe, daran der Pumpen-Stock befestiget ist.

Schwingen sind an der Feld-Kunst die Hölzer, welche gleich in den Steg niederhangen und in welchen die Kunst-Stangen oben und unten befestiget sind. s. gebrochne Schwinge.

Seiffen ist die Arbeit, da man in und unter der Damm-Erde Gold- oder Zinn-Stein suchet und nachher verwäscht. Sie werden daher Gold- oder Zinn-Seiffen genannt.

Seiffen-Gebürg ist sandiges oder lettiges Gebürg, darin Zinnstein oder Gold-Körner zerstreuet gefunden und heraus gewaschen werden.

Seiffen-Gestein, der im Seiffen erhaltne Zinnstein.

Seiffner, der Arbeiter in Seiffenwerken.

Seiger, das Bley an der Wasser-Waage, welches die Donleg-Linie abschneidet; 2) Die Linie, welche auf dem Horizont perpendikular fällt. Daher Seiger-Linie.

Seiger-Schacht, grader Schacht, der weder Hangendes, noch Liegendes hat.

Seil s. Berg-Seil.

Seil-Haken, ein eiserner an beyden Seiten gekrümmter Haken, damit die gesprungnen eisernen Seile zusammen gehalten werden.

Seiten Tonnen sind Bretter, die im Förder-Schacht an die Einstriche und Stösse von den andern Tonnen-Brettern aufgerichtet und angenagelt werden, daran die Kübel richtig auf und nieder gehen können.

Sen-

Senkel sind kleine eiserne Hespen, damit man die Gerinne oder Latten zusammen fügt.

Sez-Stempel ein Hammer, den man bey Verkeilung den Schlößer an den Kunst-Stangen braucht.

Sezen s. Feuer sezen.

Silberner Mann heißt, wenn einige Gänge sich zusammen begeben, edle Geschike und Fälle aus dem Hangenden oder Liegenden dazu kommen, davon sich die Gänge aufthun und einen solchen Raum ausfüllen, daß sie ein Stok-Erz formiren.

Sincken, tief in die Erde graben, als Schächte oder Lichtlöcher. Daher absinken, tieffer graben und durchsinken, durchgraben.

Sinker sind zum absinken bestellte Bergleute.

Sintern, wenn Wasser durchs Gestein läufft.

Siz-Ort ist der Ort, wo der Häuer kniend arbeitet; 2) wenn ein Ort 3 viertel Lachter vom Häuer fortgetrieben wird.

Siz-Pfahl, ein Holz, worauf der Häuer vor dem Siz-Ort sizt.

Sohlig, horizontal.

Sohl-Berg s. Keilberg.

Sohle des Stollen, die unterste Fläche des Stollen, worauf das Wasser fließt.

Spalt-Keil, die Axt, damit das Holz klein gehauen wird.

Spat-Gang s. Gang.

Spieß-Bäume sind die in die Höhe gerichteten langen Bäume, die dem Göpel die Rundung geben.

Spreizen, Spreizen, Hölzer, damit das Gestein

stein, welches sich gezogen hat, aufgehalten wird und die baufälligen Gezimmer gestürzt werden.

Spur ist der Mittelpunct in der Pfanne, darin das Creutz oder die Spindel umlaufft. s. mehr im zweyten Theil.

Stangen-Eisen sind an dem Creutz Eisen mit zwey Flügeln an welchen die Kunst-Stangen, die in den Schacht schieben, befestigt sind.

Stangen-Künste sind Wasser-Künste, welche das Wasser durch Hülfe des krummen Zapfen aus dem einen Satz dem andern zu, bis zu Tage hinaus heben.

Stauchen, ausschmieden.

Steck-Kiel, Steckel-Kiel ist die Röhre im Pumpen-Werk, darauf das Ventil gemacht wird.

Steck-Nägel oder Nadeln sind die Nägel im Geschlitts, welche verhüten, daß die Kunst-Stangen nicht aus dem Geschlitts tretten.

Stege sind in die Länge liegende Hölzer, zwischen welchen die Feld-Kunst schiebet, 2) die Hölzer, darauf im Stollen das Trag-Werk geschlagen wird.

Stehender-Gang s. Gang.

Steigendes ist die Erhöhung der Gebürge, Stollen und Streken. Man erkennt es, wenn der aufgesezte Perpendikel hinter der geraden Linie bleibt.

Steiger s. Berg-Steiger.

Steinfall, wenn in der Arbeit ein hartes Gestein vorfällt.

Steinschneidung, wo sich das Gestein am Saalbande vom Gange abschneidet.

Stelzen sind kurze Stützen, welche unter dem

Schu-

Schuhen der Spieß-Bäume gesetzt werden.

Stempel, starke Hölzer, welche auf beyden Seiten tief eingeschnitten und zwischen die Wand-Ruthen und Anfälle getrieben werden.

Stempel-Fäustel, grosser Hammer zum Antreiben der Stempel.

Sterzel, das Holz unter dem Hunde, darauf die Deichsel liegt.

Steuer, ein Beytrag, den eine Grube der andern leisten muß, wenn sie entweder ihr Wasser mit halten muß, welcher die Wasser-Steuer ist, oder wenn jene ihre Erz-Förderung durch der andern Treib-Schacht verrichtet, dies ist eine Schacht-Steuer.

Stok Erz ist ein sehr mächtig stehendes Erz, welches zusammen gehäuft ist und eben nicht zu Gang setzt. Es fällt gewöhnlich grade in die Tiefe nieder und hat weder Hangendes noch Liegendes.

Stöckel ist das runde Holz am Ventil mit sechs Löchern.

Stöllner ist, der einen Stollen oder Stoll-Ort treibt und bauet.

Stollen ist ein Gebäude unter der Erde, wie ein Gang oder Gewölbe, wodurch Wetter in die Gruben gebracht und die Wasser abgeführt werden, und daher Stollen-Gerechtigkeit erlangt wird. Er ist gewöhnlich ein und ein Viertel oder ein und halbes Lachter hoch und 4 Schuh breit. Es werden zwey Häuer darauf angelegt, davon der eine dem Sitzort treibt und der andre die Strossen nachhauet. s. Strossen.

Stollen enterben, geschieht, wenn ein andrer Stollen unter dem ersten sieben Lachter tiefer einkommt, alsdenn hat der obere sein Recht verloren, und ist enterbt.

Stollen faßen, heißt ihn auszimmern.

Stollen-Gerechtigkeit erwirbt der Stollner, wenn er 10 Lachter von der Damm-Erde seiger-grade mit seiner untern Fläche oder Wasser-Seige in eine Zeche kommt und Wetter bringt und das Wasser abführt. Diese Gerechtigkeit besteht unter andern im

Stollen-Hieb, daß er, wenn er mit seinem Orte in die Zeche kömmt, 5 viertel Lachter, von seiner untern Fläche oder Wasser-Seige an gerechnet, über sich an der First und ein viertel Lachter in der Weite das Erz weghauen und zu seinem Nutzen verwenden kann.

Stollen-Mundloch ist der Anfang oder Mund der Stollenstrecke, die vom Thale aus auf einen Schacht oder Gebäude zugetrieben wird.

Stollen-Sohle s. Sohle.

Stollen verstuffen ist, wenn der Stöllner den Stollen nicht weiter treiben will, so wird eine Stuffe oder Merkmahl in das Gestein gehauen. Er verliert dadurch das Neunte und erhällt nur die Wasser-Steuer.

Stollenweise fahren, in der Grube mit dem Stollen fortgehen.

Stollen zuführen, ihn weiter machen.

Stoß ist der Ort, wo die Strossen aufhören und nicht weiter verschrämt ist; 2) die Markscheide in der Grube auf der Grenze einer Zeche.

Stoß halten ist, wenn man in einem Schacht

nach

nach seiner Länge und Breite abteufft, dabey aber in keinem Stroß ausbrechen, noch ausschrämen darf.

Strauben vom Gezäh sind die vom Schlägel u. Eisen bey der Arbeit abgesprungenen und ausgesprungnen Stückgen Eisen.

Strecken sind in der Grube Oerter, welche wie ein Stollen getrieben werden. Man treibt sie, um Gänge zu überfahren, Erz auszuhauen, dem Wasser Abfluß zu verschaffen, alsdenn heißt es eine Wasser-Strecke, Berg und Erz an das Füll-Ort zu lauffen, welches eine Förder- oder Zuförder-Strecke genannt wird.

Strecken halb zur Hand und halb über dem Arm, d. h. halb ins Hangende und halb ins Liegende strecken.

Streichen des Ganges, s. Ganges Streichen.

Stroß-Art, s. Strossen.

Stroß-Bäume sind ausgezimmerte Bäume an dem Feld-Gestänge, dazwischen die Schwingen des doppelten Feld-Gestänges angehangen werden; 2) Im Göpel werden zu einem jeden Trum-Seil solche zwey Stroß-Bäume oder Stege vom Korbe an bis über den Schacht neben einander und zwischen die Scheiben über den Schacht gelegt, über welche das Seil nach dem Korbe zugeht.

Stroß-Häuer, der Bergmann, welcher die Strossen weghauet.

Strossen sind Absätze, die in das Gestein gehauen werden. Man hat sie bey Treibung der Stollen und in Schachten oder Gesenken. 1) Wenn der Stollen fünf viertel Lachter hoch werden soll und

 man

man mit dessen obern Theil auf drey viertel Lachter hoch fortfährt, so wird der untere noch nachzuhauenden Theil von zwey viertel Lachter Höhe Strossen genannt und der obere Theil heißt der Sitz-Ort. 2) Wenn man im Schacht oder Gesenken auf dem Gang auslänget, so wird, um mehrere Arbeiter zugleich anlegen zu können, eine Stuffe oder Strosse nach und unter einander gehauen, da denn die Bergleute hinter einander sitzen und fortarbeiten können. Dies heißt, Strossen nachreissen.

Stuffe ist ein losgehauenes Stück Erz, welches auch Erz-Stuffe und Hand-Stein heißt; 2) ist es das Zeichen, welches der Markscheider oder Geschworne in das Gestein hauet, als die Markscheid-Geding- und Quartal-Stuffe.

Stuff-Erz ist ganz reines Erz, das im Puchwerk nicht gereiniget werden darf.

Stuff-Geld bekommen die Geschwornen vor jede Stuffe in der Grube zu schlagen oder zu hauen.

Stuffe schlagen, ein Merkzeichen in das Gestein hauen.

Stücke, kleine eiserne Keile ohngefehr 6 Zoll lang, welche bey Hereintreibung der Wände gebraucht werden.

Stücklich Gebürg, s. Gebürg.

Stürze, der Ort, wo man das Erz aus den Tonnen oder Kübeln schüttet.

Stürzen, ausschütten. Stürzer, der an der Stürze stehende Bergmann, welcher das Erz aus der Tonne stürzet.

Stunde abstecken, eine Beschäftigung des Markscheiders, da er nach dem Vermessen mit Pfahlen

len am Tage bemerkt, wohin der Gang seinen Hauptstrich nach der Stunde des Compasses hat.

Stunde des Ganges ist die Richtung des Ganges, gegen welchen Theil der Welt er nemlich sein Streichen hat.

Such-Stollen sind die, welche im Wasser nöthigen Gebürge, da man nicht absinken, noch Gebäude anstellen kann, getrieben werden; 2) die, mit welchen man das Gebürge aufschliessen will, wenn die Gänge unterbrochen sind; 3) die nicht am untersten Theile des Gebürges angefangen werden.

Sumpf, der Ort in der Grube, darin die Wasser sich sammlen; 2) die Tröge, darin die Sätze an der Kunst ausgiessen. Daher die Wasser zum Sumpf halten heißt, durch Kunst und Pumpen die Wasser vom Grund ausschöpfen.

Sumpf (zu) in die Grube, wenn kein Wasser im Tiefsten der Grube ist und die Arbeit ungehindert fortgeht.

Sumpf (zu) treiben, die Gruben verderben und alsdenn gänzlich liegen lassen und davon gehen.

T.

Tag, am Tage ist so viel, als ausser der Erde, das Gegentheil der Teuffe.

Tage-Gänge sind die Gänge, welche zu Tage ausstreichen und nicht in die Tieffe fallen.

Tage-Gebäude sind die Bergwerks-Gebäude ausser der Grube.

Tage-Gehänge, Erz-Lage, als Fletz und Klüffte, die gleich unter der Damm-Erde liegen.

Tage-Luft (an die) sich gewöhnen sagt man von den Bergleuten, die nur die Halden ausklauben und nicht in der Grube arbeiten.

Tage-Schicht, die Arbeits-Zeit in und ausser der Grube den Tag über. Nacht-Schicht ist dieser entgegengesetzt. Daher Tage-Schichter die Arbeiter in der Tage-Schicht.

Tage-Stollen, kommen nicht tief in die Gruben ein und werden getrieben, die Tage-Wasser abzuleiten.

Tage-Wasser ist, was sich vom Regen- Schnee- und Thau-Wasser sammlet und in die Gruben zieht.

Tagewerk ist was einem Häuer in einem Tage herauszuschlagen vorgeschrieben wird. Daher die Redensarten das Tagwerk setzen, aufgeben, abnehmen, ausschlagen, verrichten.

Tagwirkung giebt es nur, sagt man, wenn Erz nahe am Tage liegt und nicht in die Teuffe setzt.

Tage (zu) ausfahren, s. Ausfahren.

Tage (zu) ausfördern, s. Ausfördern.

Tamm-Erde, s. Damm-Erde.

Taubes Feld, taubes Gebürg ist Gestein, welches mit dem Erze Gleichheit hat, aber nichts mit Vortheil zu benutzendes enthält, obgleich der Gang in seinem Streichen bleibt. Daher sagt man: das taube Feld zieht sich in gerader Teuffe mit nieder. Es werden taube Wände verfahren. Das taube Feld verkürzt niederwerts das Gebäude.

Teuffe ist die Tiefe in der Grube, s. ewige Teuffe bauen.

Thal

Thal ist die zwischen zwey auch mehr Bergen liegende Teuffe.

Thürel-Röhre ist die Röhre an den Wasser-Künsten, welche in die Schlung-Röhre, daran das Ventil ist, geht.

Thürlein hängen, geschieht auf Stollen, wo man Durchschläge machen will, und gefährliche Brüche vor sich hat, oder dahinter viel Wasser befürchtet, also: es werden ein oder mehr Thüren von starken Pfosten gemacht und mit Eisen beschlagen, deren Schwellen von einem ganzen Schrot aus der Wasser-Seige heraus nebst den darauf gesetzten Thür-Stöcken mit Fleiß in das Gestein gehauen nnd überall mit Keilen ausgepfändet werden. Man läßt durch den Schrot in der Wasser-Seige ein Loch und mit einer Stütze versehen, um so viel Wasser, als man will, durchlassen zu können, damit die Arbeiter, wenn sie unversehens durchschlagen, sich retten und die Thüren hinter sich zuschlagen können.

Thürlein-Kappen, Hölzer, welche über die Thür-Stöcke gelegt werden.

Thür-Nägel, kleine Nägel, damit das Ventil an die Pumpe eingenagelt wird.

Thür-Stöcke sind lange Seulen, welche in den Stollen und Strecken gesetzt, darauf Kappen gelegt werden, hinten mit Schwarten verschossen, damit das kleine rollichte Gestein nicht einstürzt.

Tieffstes ist die Sole oder der tiefste Ort in der Grube, so weit man abgesunken hat oder abgesinket, bis man wegen des Wassers nicht weiter kommen kann.

Todtgehauene Wasser = Seige ist die, welche waagrecht gehauen ist und keine Rösche hat.

Tonn = Bret, Tonnfach, Tonn = Latte, Tonn = Holz ein zugerichtetes Holz, das im Schacht quer auf das Liegende befestigt wird, darauf man Tonn = Bretter oder Tonn = Latten, des Schachts Länge nach, annageln kann, daß die Kübel sich daran schleppen mögen. So weit ein Tonnholz von dem nächsten entfernt ist, welches mit der Länge der Tonn = Bretter gleich ist und 6 Ellen beträgt, da wird dieser Raum ein Tonnfach genannt.

Tonnen sind Gefäße, damit das Erz durch die Pferde aus der Grube getrieben wird.

Trag = Stempel, ein grosses starkes Holz, deren viere einen Schacht halten. Sie werden in Schächten auf frisches Gestein zu beyden Seiten der Stosse und zwischen den Fahr = und Treib = Schächten gelegt, daß der Schrot, den man wegen des gebrechen Gesteins auffühären muß, desto besser ruhen und fussen kann.

Trag = Werk, Bretter, die im Stollen zwischen First und Sohle auf Stegen liegen, auf welche man fahren, fördern und mit Karn lauffen kann.

Trecken, auf Stollen oder Strecken mit Körben oder Hunden Erz oder Berg fortschleppen.

Treck = Junge, der Karn = Lauffer.

Treiben = Erz, eine gewisse Anzahl Tonnen, so viel zu einem ganzen Treiben gehören. Kleine Treiben werden nach 40 Tonnen und grosse Treiben nach 60 Tonnen gerechnet.

Treib-Schacht ist der Schacht, da man mit Pferden oder Kehr-Rade Erze und Berge ausfördert.

Tröge sind kleine Mulden.

Trossen, wenn der Bergmann unter der Schicht sich fortschleicht und davon fährt.

Trumm, Trumm-Erz, Trumm von einem Gange, ein schmaler Gang, der vom Haupt-Gang setzt oder ihm zufällt. Der Gang theilt sich oft in verschiedene Trümmer, welche aber keine neue Gänge ausmachen, oft wieder zusammen tretten und einen Gang wieder bilden. Im letzten Falle heißt es: die Trümmer haben sich wieder zum Haupt-Gange geörtert.

Tumpf-Hölzer, s. Tonnholz unter Tonn-Brett.

U. V.

Ueberbrochen Feld ist das, welches ganz bis an die Markscheid aufgefahren und abgebrochen wird.

Ueberfahren den Gang, dessen Breite durchbrechen, daß man sehen kann, wie mächtig er ist; 2) in Forttreibung eines Orts einen vorliegenden Gang antreffen und erbrechen.

Ueberrüsten ist, wenn Haspel-Stützen zur Einwerfung des Kübels und Seils über den Schacht gesetzt werden.

Ueberschaar ist, was zwischen zween vermeßnen Fund-Gruben übrig bleibt.

Ueberschläge befahren ist, wenn der Bergmeister und die Geschwornen alle Quartal auf die Zechen fahren und sehen, was inskünftige für Zubusse erforderlich seyn möchte.

Ueber-

Ueberschläge machen, wenn die Beamte die aufs nächste Quartal nöthigen Kosten überschlagen.

Ueber sich brechen, in der Höhe über sich arbeiten und das Gestein weghauen.

Verbrochen Feld, Stollen oder Strecken, die wieder eingegangen und nicht mehr offen sind; 2) auch so viel als verfahren Feld.

Veredelt, wenn das Erz derber und am Gehalt reicher geworden ist.

Verfahren der Gänge ist neben den Gängen im Gestein fortarbeiten, dabey die Gänge selbst frey stehen bleiben.

Verfahren, verritzt, verschroten, verwundet Feld, das mit Stollen und Strecken eröfnete und durchfahrene Feld.

Verfahren (seine Schicht) seine Arbeit verrichten.

Verkäster Feld, die Grube, darin die Kästen geschlagen sind.

Verkeilen, durch Keile befestigen.

Verleih-Buch, s. Lehn-Buch.

Verleihen, wenn der Bergmeister die Muthung annimmt und das begehrte Feld zu Lehn reichet.

Verliegen auf der Zeche, mit Schaden und Kosten bauen.

Verlochsteinen am Tage, das Feld ausser der Grube am Tage mit Grenz-Steinen bemerken, wo eine jede Fund-Grube und Maaß aufhört und wendet.

Verlorner Schnur (mit) vermessen lassen ist, wenn jemand nur zu seiner Nachricht durch den Markscheider sein Feld bis zur Grenzscheide abziehen und abzählen läßt, obgleich die bey einigen Vermessungen üblichen Feyerlichkeiten dabey nicht vorgehen.

Vermeß-

Vermeß-Buch ist das Buch, darin alles beym Vermessen vorgegangene ordentlich eingeschrieben wird. In Freyberg heißt es das Schied- und Vertrag-Buch.

Vermessen heißt die Vierung und Grenzen der Zechen abziehen und Loch- oder Grenz-Steine setzen. Dies dient vorzüglich zum Unterricht, wie weit des einen Feld auf dem belehnten Gang sich erstreckt, damit ein andrer nach ihm ansitzen möge, und neben diesem auch ein Feld in Lehn nehmen und bauen könne.

Verpfänden heißt die nicht recht befestigte Zimmerung mit Keilen befestigen und antreiben.

Verrizt Feld, s. verfahren Feld.

Verschiessen heißt, wenn man in Stollen oder Schächten hinter die Thür-Stöcke oder Jöcher, Schwarten legt, damit das losliegende Gestein nicht hineinschiessen kann.

Verschnüren lassen, s. Vermessen.

Verschrämen, s. Verfahren.

Verschrämt Feld ist, in welchem das Gestein weggehauen und das Erz stehen gelassen ist.

Verschreibe-Geld ist dasjenige, was man alle Quartal von jeder im Lehn habenden Fundgrube, Maaße rc. zur Recognition des Lehns entrichten muß.

Verschroten Feld, s. verfahren Feld.

Versetzter Berg, auf alte Strecken oder Kasten gestürztes Gestein in der Grube, das nicht ausgefördert ist.

Verspringeln ist in die Ritzen, welche zwischen den Pfählen geblieben, so das niederschiessende Gestein aufhalten sollen, noch kleines Holz stecken,

damit

damit auch das Durchkrümmeln des sehr rolligen Gesteins verhindert wird.

Verstrosset Feld ist das, darin viel Strossen nach einander gehauen sind.

Verstuffen heißt gewisse Zeichen ins Gestein hauen.

Verstürzen, die Strecken und Tiefste in den Gruben mit Berg anfüllen.

Vertrag-Buch, s. Vermeß-Buch.

Verunedelt, wenn das Erz am Gehalt geringer wird oder wenn eine Kluft zum Gang kommt und das gute Erz verdrengt oder verschiebt.

Verwandruthen, die Jöcher mit grossen Hölzern stützen.

Verwirrung ist, ein Ort, wo viele Gänge und Klüffte durcheinander setzen, daß man sie nicht unterscheiden und nicht sehen kann, wo sie hin oder her fallen.

Verwunder Feld, s. verfahren Feld.

Vierung ist die Breite der Zeche, drey und ein halbes Lachter ins Hangende und eben so viel ins Liegende, daß der Gang frey steht. In die Vierung fallen heißt der vermessenen Zeche in ihr Feld fallen.

Umbruch ist, ein neuer Stollen, welcher um ein vorgefundenes Gestein, das weder durch Zimmer erhalten werden kann, und dessen Bruch man befürchten muß, oder wenn dieser geschehen ist, im guten Gestein fortgetrieben wird, bis man wieder auf den alten beständigen Stollen kommt.

Unedel Erz, das am edlen Metall nicht reichhaltig ist.

Unerschroten Feld, wo noch kein Bergwerk ist, und noch keine Arbeit geschehen ist.

Unterhauene Wände, das Gestein über die Strossen, welches muß unterstützt werden, daß es nicht herunterfällt.

Unterkriechen. Wenn man anfängt, einen Stollen zu treiben und erstlich über Tage eine Rösche führt und damit ins Gebürge kommt, daß man Frist erlangt und den ersten Thür-Stock setzen muß, so heißt dies untergekrochen.

Untersteiger ist ein beeidigter Bergmann, der nebst den Ober-Steiger das Gezimmer besonders in Acht zu nehmen hat.

Unterzüge, starke Hölzer, die unter die grossen und schweren Kasten gelegt werden.

Unverbrochen, Unverwunder, Unverritzt Feld s. unverschroten Feld.

Unverliehen Feld, das noch nicht gemuthet ist und im Freyen liegt.

Vorhaus, das Gebäude im Göpel über dem Treib-Schacht.

Vorsatz stehen lassen, wenn ein Stollen nicht söhlig fortgetrieben, sondern etwas Strosse gelassen und höher angesessen wird. Dies heißt auch Gesprenq.

Vorschlagen, den Arbeitern ein Zeichen geben, daß es Schicht sey.

Vorsumpf ist eine Vertieffung in der Grube, darin sich das Wasser sammlet und aus derselben durch die Röhren der Kunst gezogen wird.

W.

Wacke ein festes rundes Gestein, das wie in einer harten Schmale liegt, und sich sowohl unter, als über der Damm-Erde finden läßt.

Wächter, Wecker ist ein Hammer an der Kunst, der mit dem Kunst-Rade sich hebt und auf ein klingendes Metall niederfällt, daraus man denn hören kann, ob das Rad geschwind oder langsam umgeht.

Wald-Bürger heissen bey den Ungarischen Bergleuten die Gewerken.

Walze oder Scheibe, das runde Holz über dem Schacht, worauf die Seile gehen; 2) Walze oder Wehr-Strempel, s. unten Wehr-Strempel; 3) bey Künsten, die Hölzer, woraüf in krummen Schachten und Strecken die langen Stangen liegen.

Wand, ein Stück Stein oder Erz, so sich vom ganzen klüfftigen Gestein losbegiebt. Ist es taub, so heißt es Berg-Wand, im Gegentheil Erz-Wand. Gewinnt man eine Wand, so heißt es: die Wand werffen oder abtreiben.

Wand aufketzern, sie versetzen, zerstossen, zerschlagen.

Wand hat sich gezogen, ist feige worden heißt, sie hat sich losbegeben und will einfallen.

Wand hat sich niedergesetzt, ist hereingegangen, hereingebrochen oder eingefallen.

Wand zerstuffen, s. Wand auf ketzern.

Wand-Berg, s. Wand.

Wand-Erz, Wand.

Wand-Ruthe ist im Schacht ein Gezimmer von zwey beschlagenen Hölzern, daran eines an den Ort des Gezimmers, welches wandelbar werden und sich auf eine Seite unter sich ziehen will, oder grossen Druck auf der einen Seite hat, und das andere gegen über nach der Höhe des Schachts

gelegt

gelegt wird, zwischen beyden werden denn Riegel eingeschoben und eingetrieben, dadurch ein Verbind gemacht, wie in einem Wohnhause. 2) Hölzer im Schachte mit einem Bühn-Loch, darin die Trag-Stempel mit ihren Zapfen gelegt werden.

Warze, s. krummer Zapfen.

Wasser der Grube benehmen, solches auf Stollen leiten.

Wasser erschroten, wenn man offne Klüffte rege macht, darauf die Wasser zufallen.

Wasser gehn auf, wenn das Wasser in den Gruben sich vermehrt und die Arbeit verhindert.

Wasser-Bühne, der Raum am Treib-Schacht, der von Brettern erbauet und mit Wasser-Gerinne versehen ist, auf welchem die gewältigen Wasser aus den grossen Wasser-Zubern gegossen und durch die Wasser-Gerinne in die Fluth geführt werden.

Wassernöthige Grube ist die, welche viel Wasser hat, welches die Arbeit aufhält.

Wasser-Zuber, ein Gefäß, wie ein Faß, darinn die Wasser aus den Gruben gezogen werden.

Wasser-Seige, das untere Theil, die Sohle oder der Boden des Stollen, welcher unter dem Trag-Werk ist, und darauf das Wasser nach des Stollen-Mundloch fließt.

Wasser-Steuer, das Geld, das eine Grube der andern giebt, weil sie ihre Wasser mithalten muß.

Wasser-Streke s. Streke.

Wechsel einziehn, wenn ein Gezimmer abgängig geworden, und man an dessen Statt neue Stempel einzieht.

Wehr, ein belehntes Stück Feld auf Gängen und Strecken, welches 14 Lachter in der Länge und 6 Lachter in der Breite hat. Es macht zwey Lehn aus. Drey Wehr machen eine Fund-Grube und zwey Wehr eine Maaß oder acht und zwanzig Lachter in der Länge und 7 in der Breite.

Wehr-Stempel oder Walzen, runde Hölzer mit zwey Spitz-Zapfen, welche in ungleichen Schächten, so bald flach, bald seiger sind, besonders wo denn das Seil im Hangenden sehr anliegt und sich sehr abnutzen würde, also angelegt werden, daß das Seil auf sie liegt und sie sich bey der Bewegung des Seils umdrehen können.

Weil-Arbeit, jede Arbeit, die der Bergmann ausser seiner ordentlichen Schicht verrichtet.

Wellen am Kunstgeschleppe das stehende Holz.

Wende-Haken sind grosse eiserne Haken mit grossen eisernen Ringen, damit man die großen Zimmer wenden kann.

Wetter, die in den Gruben streichende Luft, welche oft wie im stärksten Wind bewegt wird. Diese Luft ist nöthig, weil sonst weder die Lichte brennen, noch die Arbeiter aushalten können, welche sonst keinen Othem schöpfen könnten. Durch Stollen und Licht-Löcher bringt man sie in die Gruben, wo man ihr einen freyen Zug verschafft, der aber doch, wenn er zu heftig wird, durch Thüren und Lotten gezwungen werden kann, daß er nicht hinderlich werde. Die Luft in den Gruben ist in Ansehung der Wärme und Kälte, und der schnellern und sanftern Be-

wegung

wegung so veränderlich, als die Luft am Tage. Sie zieht zuweilen so stark und kalt, daß das Wasser in den Gruben zu Eis wird und macht alsdenn das Fahren sehr gefährlich.

Wetter bleiben nicht in einem Zug, oder wechseln sich, die Luft bleibt nicht bey einem Zug, z. B. zum Stollen hinein und zum Schacht hinaus, sondern verändert ihn, daß sie zum Schacht hinein und zum Stollen hinaus zieht. Man bemerkt, daß bey kalter Luft dieser Zug von den niedrigen Orten als auf Stollen und bey warmer Witterung in dem Schacht anfängt.

Wetter bringen, durch Treibung eines Stollen oder Absinken eines Schachts den nöthigen Luftzug verschaffen.

Wetter hat das Gestein gehoben, die Luft hat es mürbe gemacht.

Wetter in die Grube führen oder auf die Schlägel bringen geschieht durch im Schacht geführte Wetter-Lotten.

Wetter-Lotte s. **Lotten**.

Wetter-Schacht, ein Schacht, dadurch die Luft in die Grube zieht.

Wiedersinnige Gänge, sind Gänge, die ihr Fallen und Streichen oft ändern und bald das Hangende zum Liegenden und umgekehrt machen.

Wilder Knauer hartes taubes Gebürg, welches mit Peuscheln gewonnen werden muß.

Winimericht s. **flaserricht**.

Wind s. **Wetter**.

Wind-Fang ein Bau von Brettern, daran die vorbeystreichende Luft sich stossen und in die Lotten einfallen muß.

Wünschel-Ruthe ist eine ästige Ruthe von Holz, als Haselstaude, oder auch Messing oder andern Metall; damit auf eine abergläubige thörichte Weise die Gänge gesucht werden. Sie heißt Glücks-Ruthe. Der Ruthengänger, ein Berg-Mann, nimmt sie mit beyden Händen zwischen den kleinen und Goldfinger also, daß die beyden Enden aufwerts stehen und sucht durch den Schlag der Ruthe, da sie sich denn unterwärts drehen soll, die Erz-Gänge, welches ausgehen heißt.

Z.

Zaupf! ruft der Ausrichter im Göpel, wenn der Fuhrmann die Pferde beym Treiben auf oder zurückhalten soll. Daher heißt der Ausrichter der Zaupfer.

Zeche, eine Gewerkschaft, welche Belehnung hat, es sey eine Fund-Grube oder Stolle, mit oder ohne Maassen.

Zeche aufnehmen, sie muthen; belegen, darauf arbeiten lassen; bestätigen, sie dem Muther in Lehn geben; den Rücken kehren, sie liegen lassen und nicht mehr darauf arbeiten wollen.

Zeche fällt ins Freye, wird nicht darauf gearbeitet, denn kann sie aufnehmen, wer will.

Zeche mit Stoll-Orten frischen, sie mit Stoll-Oertern erschlagen.

Zeche schnuppen, die Erze verlieren sich, man muß Zubuß geben.

Zeche türkel hauen, s. Abhütten.

Zeche verlochsteinen, Loch-oder Grenz-Steine auf die Markscheide setzen.

Zeche wird auflässig, s. Auflassen.

Zechen

Zechen werden zusammengeschlagen, wenn zwey benachbarte Zechen wegen der Grenze streitig sind, und sich endlich vergleichen, daß beyde eine gemeinschaftliche Gewerkschaft auf beyde Zechen ausmachen wollen. Es giebt alsdenn, wer von der einen Zeche 2 Kuxe hat, eine ab und nimmt dagegen eine von der andern Zeche an u. s. w.

Zechen-Haus, das Haus nicht weit vom Schacht, worin die Bergleute sich versammlen, ihr Gebet verrichten, und die Steiger ihre Geräthschaft haben. Der Steiger wohnt mit seiner Familie darin. Es wird daselbst das Erz ausgeschlagen und bis zu weitern Gebrauch verwahrt.

Zech-Meister sind bey den Berg- und Hütten-Knappschaften zu Vorstehern verordnete Personen.

Zehender, s. Berg-Zehender.

Zehend-Gegen-Schreiber, s. Berg-Zehend-Gegen-Schreiber.

Zettel hängt an der Schnur heißt, das Lehn ist bestätigt.

Zettel ist todt, wenn der Muth-Zettel nicht zur rechten Zeit bestätiget ist und das Feld wieder ins Freye kommt.

Zeug, die Wasser-Maschinen, das Wasser aus den Gruben zu heben.

Ziehe-Schacht, ein Schacht, daraus mit Kübeln die Erze gezogen werden. Sie sind oft in den Gruben selbst. Denselben nachrichten, machen, daß er unter den Treib-Schacht kommt.

Zieh-Ring, ein Ring mit einer Schraube, damit die zerbrochnen Kunst-Stangen zusammengezogen werden.

Ziemer, s. Einspänniger.

Zimmer-Steiger, ein Bergmann, dem die Zimmer-Arbeit besonders aufgetragen und nach dem Gezimmer sehen muß.

Zubrüsten, mit einem Eisen ein Loch in das Gestein gehauen, damit der Bohrer darin fest stehen kann, dies geschicht wenn man zum Schiessen bohren will.

Zubühnen, den Schacht mit Holz zulegen und bedecken.

Zubuß, das Geld, so die Gewercken quartaliter auf die Kuxe zusammen legen, um die Zeche zu bauen, bis sie zur Einnahme, Gewinnst oder Ausbeute kommt.

Zubuß-Zettel, darauf wird die Zubuß bestimmt; dieselben anhängig machen, s. anhängisch machen.

Zucken des Gesteins, wenn man beym Anschlagen daran, es in der Hand fühlt, daß es klüfftig ist.

Zuckle, die Haken am Schwengel.

Zufördern, Berg oder Erz aus dem Tiefsten zum Füllort bringen.

Zuführen, einen Ort weiter machen.

Zug, die ganze Anzahl der Zechen und Lehnschaften, die auf einem Gange liegen; 2) das Eisen oder Holz in der Gosse, daran der Helm und das Leder, womit das Wasser gehoben wird, befestigt ist.

Zug-Erz, ein Treiben Erz.

Zug-Stangen, die Stangen am Gezöge, so am Satz ziehen, auch die Stangen am Pumpenwerk, welche in den Röhren gehen und daran Kolben und Leder gemacht wird.

Zugewähr, s. Gewehr.

Zulegen, die Gruben-Gebäude nach dem verkleinten Maaß-Stab auf das Papier reissen.

Zwey-Dreystel, der 32te Theil einer Zeche. Er hält 4 Kuxe.

Zwey-Drittel-Arbeiter, die 3 Arbeiter, welche sich Tag und Nacht ablösen.

Zwölfstündner, die Arbeiter, welche von 5 Uhr Morgens bis 11 Uhr Mittags und wieder von 12 Uhr Mittags bis 5 Uhr Abends in der Grube arbeiten.

Ende des Ersten Theils.

Zweyter Theil

Vom

Puchwerk,

Probieren,

Schmelzen und Glasmachen.

Nebst

Beschreibung

der

Mineralien.

A.

Abäthnen der Capellen ist, solche unter der Muffel ausglüen. Es geschieht solches beym Probieren ehe man das Silberhaltige Bley auf die Capelle zum Abtreiben auffsetzt, um dadurch die Feuchtigkeit und das etwa noch gegenwärtige Brennbare zu zerstöhren, weil sonst das schmelzende Bley spratzt, umherfliegt, der Capelle Risse macht und die Probe unrichtig wird. Capellen von Beinasche werden leichter abgeäthnet und das Werk sprätzt darin nicht so leicht, als wenn sie von Holzasche sind, darin sich zu oft noch gänze Kohlen befinden.

Abbrand ist, der Verlust, den das Blicksilber an seinem Gewicht leidet, wenn es zur höchsten Feinheit gebrannt wird.

Abdörr-Stein, fällt zu Brixlegen in Tyrol, wo Kupfer, Silber und Bley-Erz durcheinander ohne geröstet geschmolzen werden und nachdem sie Viermal durchgeschmolzen, so fällt dieser Stein, der ärmer an Silber und Bley, aber reich am Kupfer ist, s. Schlüter von Hüttenwerk 284. S.

Abflauen; abwaschen.

Abflau-Fässer, im Puchwerk die Fässer, worin das Erz von den planen Zwillichen, worauf es sich gesetzt hat, abgewaschen wird.

Abflech-

Abflech-Herd ist ein länglichtes Quadrat eine Elle breit und etliche Ellen lang, hat einen von Brettern zusammengefügten Boden und ein viertel Elle tiefe Seiten-Bretter, in deren Mitte ein Schutz Brett zu beyden Seiten eingespündet ist. Es dient zum Reinigen des kleinen Erzes oder Gekrätzes von der leichten Bergart, welches in solchen Herd geworfen, von den zugelassenen Aufschlag-Wasser unter Rühren mit einer Krücke geschlemmt wird, indem mit dem Wasser, der leichte unsaubere Schlamm über das Schutz-Brett abfließt. Das also gereinigte Erz wird nachher gepucht.

Abgang, der Verlust am Gewicht, welchen Erz und Werk in waschen, rosten, abtreiben und schmelzen leidet.

Abgesiedelt, abgezogen mit einem Eisen wird der zergangne Abstrich beym Treiben, der in der gemachten Gasse nicht abfliessen will.

Abgehen, scheiden, das Silber geht auf der Capelle ab, heißt, es wird vom Zusatz geschieden, s. abtreiben.

Abkühlen den Blick, dem Silber nach dem Verblicken im Treibherd durch hineingegossenes heisses Wasser die grosse Hitze nehmen. die Cautelen dabey s. im Schlüters angef. B.

Abkühl-Rinne, eine etliche Ellen lange hölzerne Rinne, welche nach dem Verblicken des Silbers durch das Schür-Loch auf den Treib-Herd gehoben wird, dadurch das völlig kochende Wasser zur Abkühlung des Blickes, auf den Herd gegossen wird.

Abküh-

Abkühlungs-Instrumentchen, Vorsetz-Blättchen, ein von Isper-Tiegel geschnittenes oder vom Thon der Treib-Scherben geformtes viereckigtes Blatt von der Größe der Capellen mit einem ebenen untern Rande, darauf es fest stehen kann, und oben mit einem Griff, daran es mit der Klufft gefaßt werden kann. Man setzt es hinter und zur Seite der Capelle, die zu hitzig treibt, und wegen anderer vorstehender Capellen nicht zur Oefnung der Muffel vorgezogen und so abgekühlet werden kann. s. Cramers Metallurgie 1r Theil 1te Tafel 5 Fig. u. S. 138.

Ablautern, das aus den Gruben gewonnene kleine Erz durch Sieb und Räder von der Unreinigkeit absondern, s. Ausrädern.

Abquicken. s. Anquicken.

Abquick-Beutel, ein Beutel von sämischen Leder, dadurch das Quecksilber, so das Gold verquickt hat, gedrückt und vom Gold das mehrste desselben abgeschieden wird.

Absaigern ist, wenn das von Stein und Metallen, bis auf Gold und Silber nach, durch Schmelzen geschiedene Kupfer, mit 3 bis 5 mal so vielen reinen Bley zusammen geschmolzen und in große runde nicht dicke Stücke gegossen ist, solche Stücke im Saiger-Herd nach und nach in solche Hitze gebracht werden, daß das Bley mit den edlen Metallen verbunden ausschmelzt und das Kupfer ungeschmolzen stehen bleibt, s. Schlüter von Hüttenwerken.

Abscheiden, durch Scheide-Wasser das Gold vom Silber absondern, indem ersteres als ein schwarzes Pulver zurückbleibt, wenn letzteres in solchem Wasser ganz aufgelöset ist. Ab-

Abschnittlein, die Stückchen, so von den Blechen im Zinn-Hause abgeschnitten werden und der Blechmeister den Centner mit 1 Fl. bezahlen muß.

Abschützen, die Bälge in den Hütten abhängen, daß das Gebläse nicht mehr gehen soll; 2) wenn das Wasser von den Wasser-Rädern, Kunst- und Puch-Rädern abgeleitet oder gehemmet wird.

Absichern ist, eine Verrichtung des Probierers, indem er die mit vieler Berg-Art vermengten Erze, nachdem sie zerstossen und durch ein Sieb geschlagen sind, im Sichertrog durch Hülfe des Wassers in die Enge bringt und von den Bergarten absondert. Die Handgriffe dazu, siehe in Cramers Metallurgie 2r Theil 19 S.

Absüssen, dem Metallischen Niederschlag aus den Auflösungsmitteln durch Zu- und Abgiessen reinen Wassers alle Schärfe benehmen.

Absüß-Schaalen sind Gefäße mit einer Tutte und Handhabe, worin das Absüßen geschicht.

Abstrich ist die Unart, welche von Eisen, Kupfer Zink, Kobold rc. in dem Werk-Bley beym Schmelzen aus dem Erze zurück geblieben und beym Schmelzen desselben auf dem Treibherd nicht völlig im Abzug fortgenommen werden können, bey mehrerer Hitze des Treibens zuerst verschlacket, alsdenn weggenommen werden muß, ehe die Glötte geht, welche sonst davon spröde und unbrauchbarer wird. Am Unter-Harz wird der Abstrich, welcher zum Ablauffen zu hitzig ist und in die Brust des Ofens einfressen möchte, mit einem Streich-Holz abgenommen und wenn das

das Treiben recht in Hitze ist, so geht er auch gut herunter. Im Sachsen läßt man den Abstrich in einer gemachten Gasse auslauffen, siehe mehreres in Schlüters a. B.

Abstrich-Bley wird gemacht, wenn der Abstrich mit Kohlen durch den Frisch-Ofen geschmolzen wird. Diese Arbeit geht strenger als beym Glöttfrischen. Das Bley ist spröde und wird zu Schrift-Giessen gebraucht. Allein der Abstrich ist noch allezeit Silberhaltig und wird daher der mehrste zu Vorschlägen gebraucht.

Abstrich frischen heißt, ihn mit Kohlen schmelzen, daß eben erwehntes Abstrich-Bley daraus wird.

Abtrecken den Rost, ihn vom Wagen abladen und in die Hütte tragen.

Abtreiben, abgehen lassen auf der Capelle, Capellieren ist, das Verschlacken der Metalle in einem solchen Gefäße, welches die Schlacke in sich zieht und unzerstöhrte Metall zurückläßt, Die Gefäße sind Capellen. Es ist dies eine Arbeit des Probierers, der durch Hülfe des Bleyes, welches die Erden und Metalle verschlacket, das Silber und Gold aber an sich nimmt und nach seiner Verglasung zurückläßt, im Kleinen die Menge des edlen Metalls herausbringt, in der solches im Erze steckt. Vor den Capellieren geht das Zerkleinen, Absichern, Rösten, Ansieden vorher, wodurch alles bis auf Bley und die edlen Metalle aus der Mischung gebracht ist. Dies silberhaltige Bley oder Werk-Bley wird auf der abgeäthneten Capelle unter der Muffel im Probier-Ofen abgetrieben, d. h. durch Hülfe des Feuers und der Luft das Bley so aufgelöset, daß

es

es theils in Gestalt des Dampfes verrauche, größtentheils aber als Glötte sich in die Capelle zieht und das Silber Korn, auch Bley Korn genannt, ganz rein auf derselben stehen läßt. Weitere Anweisung geben die Probier-Bücher, am genauesten aber Cramers Metallurgie 2. Theil 21. u. f. S.

Abtreiben auf dem Treibherd s. Treiben.

Abtreiber ist ein beeidigter Hüttenmann, der die Arbeit im Treib-Ofen und die Zurichtung des Herdes zu besorgen hat.

Abtreib-Holz, das Holz, welches zuerst zum Treiben auf dem Herd gesetzt wird, bis das Werk geschmolzen ist. s. Antreiben.

Abwärmen des Herds, wenn der Ofen zugerichtet ist, daß darin geschmolzen werden kann, so ist anfangs vor dem Schmelzen nöthig, daß alle Feuchtigkeit aus demselben vertrieben werde, zu dem Ende wird gelindes Feuer auf dem Herd desselben gemacht, womit drey Stunden angehalten wird, welches Abwärmen heißt. Auf dem Harz geschieht solches mit Torf.

Abziehen ist eine trockene Scheidung des Kupfers vom Bley. Wenn wenig Kupfer unter dem Bley, welches aus dem Erzen geschmolzen oder gefrischt ist, sich aufhält, welches durch Seigerung nicht getrennet werden kann, so setzt sich das Kupfer erstarrend in die Höhe auf das geschmolzene Bley, und kann mit dem Streich-Holz abgezogen werden. Dies wird so oft wiederholet, als sich eine neue Haut auf dem Bley zeigt, bis das Bley selbst bald erstarret.

Ab-

Abzüchte sind Canäle, welche in den Hütten unter den Oefen und Herden, wie Graben, kreutzweis durchgeführt sind, damit sich die Feuchtigkeiten darin sammlen und das Schmelzen nicht verhindern. Schlüters angef. B.

Abzug ist ein Instrument von Eisen, wie eine Kratze, womit der Schmelzer des Frisch-Bleyes in die eiserne Pfanne, worin das Frisch-Bley eingefüllt ist, auf den Boden herziehen kann und dadurch aus dem noch fließenden Bleye die Unreinigkeit auswirft und es völlig reinigt; 2) ist die Kupferische, Zinkische, und Eisenhaltige Unart, welche das eben geschmolzene Werkbley auf dem Treib-Herd, wie mit einer Haut überzieht, und nicht so leicht schmelzt, als das Werk und daher abgezogen werden muß, ehe das Treiben oder verglasen des Bleyes angeht. Dieser Abzug wird gesammlet mit Kohlen durch den Frischofen geschmolzen in eiserne Pfannen ausgekellet, daß Sanger-Stücke daraus werden, woraus im Sangerherd das Silberhaltige Bley geschmolzen und nachher getrieben wird. Das stehengebliebene ist steinigtes Kupffer und wird zur Kupfer-Arbeit genommen. 3) eine Schlake, so beym Gahr-machen des Kupfers vor dem grossen Spleiß-Ofen zu Teyoba in Ungarn von dem Spleiß-Tiegeln abgezogen wird.

Abzugs-Kupfer, das aus dem Abzug s. 2) erhaltene Kupfer.

Abzug-Königs-Kupfer, das aus dem Abzug (s. 3) gewonnene Kupfer.

Affter ist in Puchwerken aller Gries und Sand, der von dem Schliech abgewaschen ist und nur wenig Metall noch enthält. Er entsteht beym verwaschen der Erze und des Schliechs und läuft über den Pfannen Herd in Affter=Graben, in die Affter=Gefälle. Wird auch Herdfluth genannt, und wenn sich im durchseigern noch etwas gutes heraus, bringen läßt, hernach über den Planen Herd gewaschen.

Affter=Gefälle sind bey Puchwerken Kasten mit etlichen Quer=Brettern, darin sich das Affter fängt; es wird von den Jungens ausgeschlagen und auf einen Hauffen, Affter=Hauffen geschüttet, um es wieder durchzupuchen und über den Herd zu arbeiten, wenn das Puchwerk kein Erz zu verarbeiten hat.

Affter=Hauffen s. Affter=Gefälle.

Affter=Läuffer, der mit dem Karn das Affter auf einen Hauffen läuft oder fährt.

Alaun ist ein Mieneralisches Salz von süßlich zusammenziehenden Geschmak, weißer durfsichtiger Farbe, giebt im Wasser aufgelöset und cristallisirt achtseitige Crystallen, schmelzt zu Anfang im bloßen Feuer, blähet sich denn in einen weissen lokern Schaum auf, giebt weissen Dampf und den Geruch einer Schwefelsäure von sich und bleibt als ein weisser lokerer Cörper stehen, löset sich nachher größtentheils in Wasser wieder auf und ist wie vorhin Alaun. Gießt man Laugensalz in die Auflösung, so trübt sie sich und sezt sich ein lokerer weisser Schlamm nieder, welcher die Alaun=Erde ist, welche mit der Vitriolsaure verbunden den Alaun

laun ausmacht. In allen Thon-Arten und Dachschieffer ist eben diese Erde befindlich, macht einen wahren Bestandtheil derselben aus und ist von ganz besonderer Art. Marggrafs Chem. Schriften 1. Th.

Alaun-Erde nennt man die besondere Erde, welche mit der Säure des Vitriols den ächten Alaun giebt. Sie löset sich in den übrigen Säuren auch auf und liefert zusammenziehenden Geschmak habende Mitelsalze und ist im Feuer unveränderlich; schlägt alle Metalle, die im Vitriolgeist aufgelöset sind, nieder, wird aber durch Eisen, das in der Allaun-Auflösung gekocht wird, auch niedergeschlagen; behält im Feuer die Säure sehr hartnäkig bey sich. 2) die Erden daraus man Allaun findet.

Alaun-Mehl besteht aus kleinen unförmlichen Alauncrystallen, welches, wenn die Alaun-Erden ausgelaugt durchgeseihet und bis daß ein Ey darin schwimmet, die Lauge eingesotten ist, und aufgelösete Pottasche, welche der Lauge die Fettigkeit nehmen soll, hineingegoßen wird, ziemlich schwer niederfällt

Alaun-Schiefer sind diejenigen, woraus der Alaun gesotten wird. Einige derselben verwittern von selbst, und geben Feder-Alaun, andere müßen vorher geröstet werden, und alsdenn läßt sich der Allaun auslaugen. Wenn sie viel Erdpech enthalten, auf einen Hauffen geschüttet, öfters Regen und Sonnenschein erfahren, so entzünden sie sich, fangen an zu brennen und geben keinen Alaun mehr, denn die Säure ist als ein Schwefelgeist entflohn.

Alaunsieden ist die Arbeit, da man die verwitterte Alaun Erde auslauget, durchseihet, mit Pottasche oder Seiffensieder-Lauge versezt, das Allaunmehl niederschlägt, durchseihet, wieder einkocht die Lauge abkühlen läßet und ferner einkocht, daß man den kaufbaren Alaun erhält.

Alcali s. Laugensalz.

Alumen plumosum s. Federweis.

Amarill s. Schmergel.

Amalgama ist die Auflösung des Metalls in Queksilber. Daher

Amalgamation, Verquickung, die Verrichtung ist, wodurch man die Metalle im Queckfilber auflöset. Bley, Zinn, Wismuth, Gold, und Silber werden leicht verquickt, schwerer das Kupfer, Spießglaß-König und das Eisen gar nicht. Die Handgriffe s. in Cramers angef. B. 67. u. f. S. Durch die Verquickung kann das gediegene Gold aus den Erzen erhalten werden, wenn solche Erze fein zerstossen geschlemmet und mit Quecksilber in Wasser gerieben werden. Man hat diese Arbeit in grossen zu treiben und zu erleichtern besondere Quickmühlen im Gebrauch. s. dies Wort.

Amethyst ist ein weicher Edelgestein, dessen Farben von hochroth und blau gemischt ist.

Amianth, Bergflachs ist eine weiche, biegsame Asbest-Art, deren Fädgen parallel lauffen, daß sie gesponnen, zum weben und Papiermacheg gebraucht werden. Im stärkern Feuer wird es spröde und schmelzt im stärksten zur Schlacke.

Anbrüche vom Blick-Silber sind die Stückchen Silber, welche nach ausgenommenen Blik am Spor des Treib Herds stehen geblieben sind, wonach man sucht, ohne daß der Herd ausgebrochen wird.

Anfrisch-Feuer ist das Feuer, dem die Kohlen Nahrung geben und ist dem Flammen-Feuer von Holz entgegengesetzt.

Angewäge, Angewehr, im Puchwerk ein hölzener Klotz, von der Stärke einer Puch-Säule, darin die Zapfen Klötzer gelegt werden, worauf die Wellen mit den Rädern angehen können.

Anquicken s. Amalgamation.

Anreichern. Wenn arme silberhaltige Erze in die Roh-Arbeit genommen werden, oder aus der Arbeit viel Roh-Stein erfolgt, der wenig Silber hält und in das Verbleyen nicht mit Nutzen genommen werden kann, so wird eine zweymalige Röstung vorgenommen und wieder geschmolzen, wodurch weniger Stein fält, darin das Silber mehr in die Enge gebracht ist, welches Anreichern heißt und

Anreicher-Stein ist der hiedurch gefallene Stein.

Ansetzen den Rost, denselben auf den Schmelzofen stürzen.

Ansieden ist das Verschlacken der Silberhaltigen Erze auf den Treibscherben unter der Muffel im Probierofen, nachdem vorher das Erz geröstet ist. Man bedienet sich hiezu des Bleyes, als welches bey seiner Verglasung die andern Metalle und Erze, welche mit dem Silber verbunden sind, zu so zarten Schlacken auflöset, daß das Silber von denselben frey wird und in das noch nicht verglasete oder verglättete Bley sich zusammen begeben kann. Man sezt daher zu einer leichtflüßigen Erzart 8 mal und zu einer schwerflüßigen 16 mal so viel reines Bley zu und schmelzt so lange im Treibscherben, mit vorsichtiger Regierung des Feuers im Probierofen, bis die Schlacke, welche sich an den Rand begiebt, solche Flüßigkeit hat, daß sie alles Silber fallen lassen kann. Man rührt alsdenn mit einem heißgemachten eisernen Rührhaken dies Gemische um, daß die Metall-Körner vom Rande auch los und in das Bley gehen, alsdenn wird es in den Einguß oder Probierblech, das mit Kreide ausgerieben ist, gegossen und nach dem Erkalten das silberhaltige Bley von den Schlacken rein gemacht, welches alsdenn auf der Capelle abgetrieben wird. s. Cramers Metallurgie 2ter Th. 22. S. u. a. Probler-Bücher.

Antimonium s. Spießglas.

Antreib-Holz s. Abtreib-Holz.

Antreiben ist durch Hülfe des Feuers und Gebläses das Werkbley, so viel dessen zum Treiben im Treibofen eingesezt werden, welches 36 bis 50 und mehr Centner ausmacht, niederschmelzen und bis zum Abstrich bringen. s. Schlüters a. B. 340. S.

Antreiber ist Holz, womit angetrieben wird, welches 18 Fuß lang, 10 bis 14 Zoll stark ist.

Anwelle ist auf Hammerwerken beym hohen Ofen das, was im Puchwerke Angewäge ist. s. dies Wort.

Anwell-Stock s. Angewäge, Zapfen-Holz.

Anzücht im Treib-Herd s. Abzüchte.

Aphronitrum ist der Name, den die Alten dem salzigen wolligen Beschlag an den mit Bitterkalk auf-

aufgeführten Mauren und Wänden beylegten. Er besteht zuweilen aus wahren Salpeter, größtentheils aber ist es mineralisches Laugensalz.

Aquafort, s. Scheide-Wasser.

Aquamarin, ein Edelstein, dessen Farbe zwischen grün und blau fällt, daß aber doch das Blaue den Vorzug hat.

Aquaregis, s. Königswasser.

Arbeit geht rohe oder musigt, heißt wenn die Schlacke beym Schmelzen der Silber- und Bley-Erze, welche über das Werk steht, sehr dick ist und stark raucht. Es giebt alsdenn viel Knollen und die Werke bleiben zurück. Der Grund hievon liegt gewöhnlich in nicht genugsamen Rösten, wo denn der Schwefel zurück geblieben und die Arbeit im Schmelzen steinigt werden muß. s. Schlüters a. B. 128. u. f. S.

Arcanum Duplicatum, ein Mittelsatz aus Vitriolsauren und Laugensalz der Pflanzen, kann statt der Glasgalle beym Probieren gebraucht werden. Das Salz, welches unter diesem Namen die Materialisten verkaufen, ist nicht selten sehr Alaun haltig.

Arme Bley-Schicht ist das drite Schmelzen der vermischten Bley, Silber- und Kupfer-Erze zu Brixlegen in Tyrol, wozu der gefallene Stein vom zweyten Schmelzen ungeröstet nebst zum Theil geröstete Erz und Schlieche auch Glötte Heerd auch Kien-Stöcke, so von den Werken dieser Schicht gefallen sind, genommen wird. Das herauskommende Werk heißt: zweymal verbleyeter Stein, welches auch gesaygert und das gesaygerte Werk auf den Treib-Herd vertrieben wird.

Arm = Frischen ist geringe silberhaltiges Schwarz-Kupfer mit Bley frischen, da nach dem absaygern die Werke nicht gleich vertrieben werden können, sondern man solche zum Vorschlagen auf ein Reich = Frischen gebrauchen muß.

Arm = Kupfer ist am Unterharz, das aus dem Arm = Stein und Arm = Rost geschmolzene Kupfer, welches zwar noch in die Saygerung kommt, aber doch weniger Silber hält. Der Stein, der auch bey diesem Schmelzen vorfällt, ist Spor = Stein.

Arm = Rost ist der mit drey Feuern geröstete Arm-Stein. Durch das Schmelzen kommt von ihm Arm = Kupfer und Spor = Stein.

Arm = Stein ist der Stein, welcher auf den Unterharz vom Schmelzen des Mittel = Steins oder Kupfer = Rosts zugleich mit Kupfer = Rost = Kupfer kommt.

Arsenick ist ein sehr flüchtiges Halbmetall und auch flüchtiges Salz. Als Metall hat er eine dunklere Farbe als das Bley, welche an der Luft bald schwarz wird; im Feuer fließt er zäh und geht in einem dichten weißgrauen nach Knoblauch stinkenden Dampf davon; er ist zerbrechlich und märbe. Ist ihm das Brennbare benommen, so ist er weiß glänzend in starken Stücken wie Glas, das an der Luft aber Porcellänartigen Glanz und Farbe annimmt. Er läßt sich im Kochen mit 30. Theilen Wasser völlig auflösen, zerlegt den Salpeter und verbindet sich mit dessen Laugensalze zu einem besondern Körper, den Herr Macquer untersucht hat. Die Metalle verlieren von der Beymischung des Arsenicks ihre Ge-

schmei-

schmeidigkeit und das Kupfer wird dadurch weiß. Er befördert das Verschlacken der Bergarten und des Bleyes, raubt aber von jeden Metalle im Schmelzen einen Theil, den er im Dampf mit fortreißt. Dem Glase benimmt er die grüne und blaue Farbe und macht es hell, daher er zum Spiegelglas gesetzt wird. In sehr vielen Erzen ist er befindlich, darin er das Mittel abgiebt, wodurch andere Metalle vererzt sind. Durch Rösten wird er davon getrieben, allein er verläßt sie nicht alle gleich leicht und dem Eisen hängt er am hartnäckigsten an. Proben auf Arsenick. Man sublimirt das Mineral vor sich, oder mit Zusatz von Schwefel, in einer Retorte im offenen Feuer und giebt zuletzt die gröste Hitze. Nach dem Abkühlen ist im ersten Fall der Arsenick grau oder weiß am Retorten-Hals, im andern gelb oder roth, mit dem Schwefel verbunden, zu finden.

Asbest ist eine aus kleinen Fäsergen bestehende Bergart, die weich und zähe von Farbe verschieden ist. Die Erde des Bittersalzes ist die Grundlage seiner Mischung.

Aschen-Kammer ist der Ort, wo die Asche zum Herd aufbewahrt wird.

Aschen-Heerd ist im Treibofen der von ausgelaugter harten Holz-Asche gemachte Herd, worauf die Werke unmittelbar schmelzen und vertrieben werden und worinn sich beym Treiben ein grosser Theil Glötte einzieht, welcher nach jedem Treiben ausgebrochen und statt dessen ein neuer gemacht werden muß. Dieser mit Glötte durchgezogene heißt schlechtweg Herd und wird zu

Vorschlägen und auch wohl zum Frischen der Glötte angewandt.

Asche ist eiser, die Asche ist salzig.

Asch-Loch-Bley ist ein eisernes Blech, welches vor das Aschen-Loch des Temper-Ofen in der Glas-Hütte gesetzt wird, die kalte Luft abzuhalten, daß sie dem Glase nicht schade.

Aschen-Test, s. Test,

Aschen-Tonnen sind Gefäße zum Abmessen der Asche.

Atrament-Stein ist Vitriol, der noch mit vielen Erden und Stein vermengt ist, oder eigentlich eine verwitterte Vitriolminer, die noch nicht ganz zerfallen ist. Die Farbe ist gelb, grau, grün, weiß und roth. Er wird zum Vitriol-Sieden gebraucht.

Aufbauen ist das Zusammensetzen der unschmelzbaren Theile der Erze, wodurch der Schmelz-Ofen ganz versezt wird und die Arbeit aufhören muß. Es muß denn die Vorwand weggebrochen und das zusammengesinterte Erz ausgehauen werden. Dieser Vorfall kommt auch bey guten, flußigen Erzen, wenn sie mit unscheidbaren und ohne Verlust des Bleyes nicht zum Schmelzen zu bringenden Bergarten oder Erzen vermischt sind. Da denn anfangs die Arbeit gut geht, zuletzt aber aufbauet.

Aufgeber ist die Person, welche beym hohen-Ofen das Einschütten der Kohlen und des Eisen-Steins verrichtet.

Aufgiesser ist der das Aufgiessen des Wassers auf das glüende Eisen beym Stab-Eisen-Schmieden verrichtet. Dies Aufgiessen dient zur Abkühkühlung des Ambosses, Hammers und Eisens selbst, welches auch dadurch zäher wird. Es geschieht mit dem

Aufgieß-Löffel, einem langgestielten grossen eisernen Löffel.

Auflauffen, Auftragen, Erz und Kohlen in den Schmelz-Ofen schütten. Der Auflauffer, Aufträger verrichtet solches.

Aufmachen, bey Eisen-Schmelz-Arbeit so viel als stechen.

Aufstechen, mit der Schauffel die durchgepuchten Erz-Schlämme auf das Gefälle des blossen Herds schütten; oder etliche Schauffeln voll Affter auf das dritte Gefälle ausziehen, damit die Wasser nicht zu sehr in durchgearbeiteten kleinen Graben, oder, wie man sagt, nicht zu rißig lauffe. Der Wäscher hat dies zu verrichten.

Aufstehen des Herds heißt, wenn das auf dem Treib-Herd geschmolzene Metall unter sich in den Aschen-Herd gräbt und daselbst Kälte oder Feuchtigkeit antrifft, wovon es plötzlich auseinander fliegt und mit größter Gewalt und Verlust den Ofen zerschmettert und sich zerstreuet. Durch sorgfältiges Abwärmen und vorsichtiges Antreiben nebst der Zurichtung des Herds kann solches vermieden werden.

Auftragen, s. Auflauffen.

Auftrag- oder Schicht-Tröge sind längliche Mulden, darin Erz, und Schlacken u. d. gl. auf den Ofen geschüttet werden.

Auftreiben, beym Glas-Ofen die Scheiben-Keulen mit der Auftreib-Scheere zu kleinen Scheiben machen.

Auge ist das Loch, welches bey dem Stich-Ofen in der Vorwand, bey Krum- und Hohen Ofen über dem Stich-Herd unter der Stich-Wand im obern Herd ist. Es dient entweder zum Auslassen des geschmolzenen Metalls oder dazu, daß man nöthigen Falls beym Schmelzen dem Ofen beykommen kann.

Auge ausstossen, dies Loch räumen.

Aug-Eisen, ein 3. Ellen langes und 1. Zoll dickes langgestieltes Eisen damit man im Ofen losmacht, wenn der Stich geschehen soll.

Aug-Steine werden, wo das Auge ist, beym Zumachen des Krum-Ofens von der Brust zwey Zoll hoch gesetzt, damit, wenn das Werk sich aufleget, wobey das Bley verbrennt, der Schmelzer desto leichter zum Aufbrechen kommen kann.

Auripigment, Rauschgelb, Operment, ein ziemlich schweres, goldfarbenes, blätteriches, weiches und biegsames Mineral, welches viel Arsenick und etwas Schwefel enthält. Im Feuer brennt es mit einer Schwefel-Flamme, giebt zugleich starken Arsenick-Dampf und fließt. Gehört zu den Arsenick-Erzen.

Ausblasen, die Schmelz-Schicht endigen. Wenn nemlich das letzte der Schicht aufgetragen ist, so wird alles verschmolzen, und alsdenn das Gebläse abgehangen und der Ofen zur neuen Schicht zugerichtet.

Aushauer, ein Meissel, welcher unten halb rund, hart und scharf ist, damit die Schroten ausgehauen werden.

Aushub Schroten, dasjenige, was der Gvardein von den eingekommenen Brand-Silber zur

Verfertigung der Probe aushauet, s. Cramers angef. B. 2r Theil 02. S. Nro. 12.

Ausziehren des Stahls, den Rohfaßstahl vor dem Gebrauch durchschweissen, indem die Schmiede von diesem Stahl viele, gewöhnlich 9. Stücke zusammen legen, mit einer Zange fassen, zusammen schweissen und in die Form zu bestimmten Gebrauch schmieden, wobey noch vieler Abgang vorfällt.

Ausgiessen, Auskellen das im Schmelz-Ofen geschmolzne Werk in eiserne Pfannen, mit einer Kelle schöpfen. Daher ist:

Ausguß, das Werk oder Bley, so nach abgehobnen Schlacken und Stein in die Pfannen geschöpft wird. Und die

Ausguß-Kelle ein grosser, tiefer, langgestielter eiserner Löffel zum Ausgiessen im Gebrauch.

Ausguß-Pfanne, oder Pfännel gegossene eiserne, länglich vierecktigte, auf dem Boden schmälere Gefäße, worin das Bley geschöpft wird und erstarret.

Auskellen, s. Ausgiessen.

Auslassen, aufhören zu schmelzen, die Bälge abhängen.

Ausrädern, Ausrädeln, in Puch-Häusern, das kleine noch unreine Erz, durch den Räder vom groben und zum Reinmachen absondern.

Ausschlagen, bey der Münze die Schrötlinge breit schlagen.

Ausschüren, mit dem Renn-Eisen die Schlacken und Ofen-Brüche aus dem Ofen ziehen und herauswerfen.

Ausstossen nach verrichteten Schmelzen die Vorwand

wand des Ofens aufbrechen und Ofen=Brüche herausnehmen.

Austrag=Löcher, unten an jedem Puch=Kasten gemachte Löcher, in welche gleich weite Rinnen geführt werden, wodurch das Trübe auf das Gefälle und nachher in die Graben und Sümpfe geleitet wird.

Auswärmen das Kupfer, solches glüend machen.

Auswärm=Zange, eine grosse Zange, damit die Stücke auf den Herd gehoben werden.

B.

Backen des Stahls ist das Eisen durch Cämentieren mit Kohlen oder andern verbrennlichen Mitteln zu Stahl machen.

Baitze des Meßings am Unterharz ist eine Lauge, welche man bey Verkohlen des Holzes auffängt, indem man an den Mieler zur Seite in die Decke Röhren von Eisen, Kupfer oder Meßing, wie Büchsen=Röhren anlegt; es läuft hier diese Lauge aus und wird in Tönnichen gesammlet, das oft darüber stehende Theer abgenommen. Die Lauge wird kalt zu Baitzen in ein Geschirr gegossen und fertig geschmiedetes, geglüetes und wieder erkaltetes Meßing zwey Stunden lang hineingelegt. Es geht den alles Schwarze von ihm ab und er wird schön hoch gelb.

Balg, Blase=Balg, Gebläse ist in den Schmelz=Hütten das große von Leder und Holz gemachte oder blos hölzerne Werkzeug, welches durch das Wasser=Rad auf und zu getrieben, Wind fängt und mit Gewalt, durch eine, in den Ofen gerichtete Deute

Deute von sich giebt, dadurch das Kohlen-Feuer zum Schmelzen der Erze angefacht wird.

Balg abhangen, die Gebläse nicht mehr gehen lassen.

Ballas, s. Rubin.

Ballen, Zinn-Ballen, das gegatterte Zinn. s. Gattern.

Barren sind wie Schieb-Karn gestaltete Kasten, worinn zu Chemnitz der ungeröstete Schliech zur Schicht angeführt wird. Eine solche hält ohngefehr 2. und einen halben Centner.

Bart sind zarte Zäckchen, welche die Kupfer an den Seiten und vorne bekommen, wenn sie die höchste Gahre auf dem Gahr-Herde erhalten haben.

Beinasche, Knochenasche ist das feine Pulver, welches von weiß gebrannten, zerstossenen und geschlämmten Knochen gemacht und zur Bereitung der Capellen gebraucht wird. Dies feinste Pulver wird Kläre genannt. Auf der Hütte gebraucht man das Beinmehl oder die Beinasche das Spor des Treib-Herds zu überkleiden.

Benehmen auf der Münze, dem Schrötlinge so viel abnehmen, daß er sein gehöriges Gewicht bekommt.

Beräumen, am Fuß der Röste beym Unterharz, nachdem solche 14. Tage gestanden und sich oben auf der Schwefel zeigt, an jeder Seite das Erz etwa einen Fuß breit wegnehmen, damit die Luft unten durziehen und der Schwefel sich desto besser in den oben gemachten Gruben sammlen kann.

Bergarten sind wie Erze brechende und ihnen am äuserlichen Ansehen zuweilen gleichende Mineralien

lien, die aber sehr wenig oder gar kein Metall enthalten, als Quartz, Blendearten, Glimmer, Hornstein, Spath. Zuweilen ist gediegen oder vererztes Metall in solche Steinarten eingesprent, oder letztere sind in jene eingemischt, alsdenn werden die Erze, nach den Namen der Steine benannt.

Berg-Beamte und beeydigte Arbeiter, die über Puchwerke eigentlich gesezt sind, davon ist nur der Ober- und der Puch-Steiger zu bemerken. In Hütten sind der Ober-Hütten-Verwalter, Hütten-Reuter, Hütten-Schreiber, Geschworne Probierer, Silber-Brenner, Hütten-Meister, Schmelzer, Abtreiber, Vorläufer, Rost-Brenner, Hütten-Factor, Hütten-Wärter, Kohlen-Messer.

Bergblau ein vom Wasser weggeführter, hie und da an Gestein oder Erz abgesezter und erhärteter Kupfer-Kalk, daraus gutes Kupfer geschmolzen werden kann. Eben so ist es mit dem Berggrün.

Berg-Flachs s. Amianth.

Berg-Grün s. Berg-Blau.

Berg-Kork ein zäher, halb biegsamer Asbest vom Korkähnlichen Gefüge.

Berg-Crystall ist eine harte, wie das Glas durchsichtige selten gefärbte Bergart, welche eine sechseckigte, zuweilen mehrseitige prismatische Gestatt hat. Sie gehört unter die Classe der Glasartigen Steine und unterscheidet sich durch ihre Härte und Annahme einer schönen Politur von den Gips- und Kalk-Spathigen Crystallen.

Berg-Oel ist ein flüßiges, besonders riechendes, dickes, dem Oel völlig gleichendes brennbares Mineral, welches aus den Bergen tröpfelt oder auf dem Wasser schwimmt. Die nächste ihm verwandte Art ist die Naphte, welche heller, zarter, und reiner ist.

Berg-Talk, oder Talk ist eine Bergart, welche aus blanken Schuppen zusammenfügt ist, eine grünliche, weisse, auch röthliche Farbe hat. Sie läßt sich schwer zerreiben, ist zäh und weich, und fühlet sich, wie Seife an.

Bernstein ist ein brennbares, dichtes, nicht sehr hartes noch schweres Mineral, gewöhnlich von gelber durchsichtiger Farbe, giebt in Verbrennen einen angenehmen Geruch, durch Destillation ein Oel und eigenes saures Salz.

Berill, ein Edelgestein, dessen Farbe mehr grün als blau ist.

Berohren heißt, wenn man in die gesottene und zum Anschiessen in Setz-Fässer gegossene Vitriol-Lauge Rohr hängt, welches auf Teichen wächst, daran sich die Cristallen des Vitriols ansetzen.

Beschicken, den Erzen, die geschmolzen werden, den gehörigen Zusatz geben.

Beschlag-Zange, auf der Münze die Zange, damit man die zu pregenden Stücke faßt und sie alsdann rund-schlägt.

Bette ist eine lange Grube vor dem Tiegel am Lech-Schmelz-Ofen, darin das Lech aus dem Vor-Tiegel gekellet wird. 2) Die angelegten Schichten von Wasen und Holz, darauf zu Lutterberg die Erze im Rost-Hause geröstet werden.

Bühne, Bühne ist das im Schmelzen zusammengesinterte Erz, welches sich an der Vorwand ansetzt, und der Schmelz-Arbeit nachtheilig ist, daher fleißig, ehe es zu gros wird, mit der Brech-Stange durch das Auge weggeräumt werden muß. Mann nennt es auch Sauen und wenn vieles Eisen darin steckt, Eisen-Sau, wenn vieles Kupfer darin, Kupfer-Sauen.

Bind-Eisen, einer Ellen langes rundes starkes Eisen mit einem dergleichen hölzernen Stiel, womit in den Glashütten die Reifen auf das Glas getragen werden.

Bismuth, s. Wismuth.

Blachmal ist die silberreiche Schlacke, welche entsteht, wenn man das Gold vom Silber durch Guß und Fluß scheidet.

Blasbalg, s. Balg.

Blätter, Klippen im Treib-Ofen, sind runde Bleche, welche durch die Decke dieses Ofens vor die Oefnung gehengt werden, worin aus den Bälgen der Wind auf die Werke getrieben wird. Sie dienen zur Regierung des Windes und zur Verhütung, daß in den Balg kein Feuer gezogen werde.

Blaue Mahler Schmalte, blaue Stärke oder Farbe-Schmalte ist das fein geriebene Glas, welches aus dem feuerbeständigen Theile des Kobolds, feuerbeständigen Alkali und Sand zusammen geschmolzen wird.

Blau-Farben-Werke sind Bergwerks- und Hütten-Anstalten, welche auf Gewinnung der Kobold-Erze und Bereitung der Schmalte abzielen.

Das berühmteste ist zu Schneeberg. s. Lehmanns Cadmiologie, welche blos und umständlich hievon handelt.

Blech ist ein breit und dünn geschlagenes Stück Metall. Im Handel kommen Eisen- und Messing-Bleche am mehrsten vor. Erstere sind verzinnt, oder schwarz und unverzinnt.

Blech-Hammer ist die Werkstatt, wo die Bleche gemacht werden.

Blech-Meister ist der erste Arbeiter auf dem Blech-Hammer-Werk, welcher die übrigen Arbeiter in Aufsicht hat.

Blende ist ein Zink-Erz, worin dies Metall mit Schwefel vererzt ist. Das Gefüge ist unordentlich, blätterich, hat ein schweres Gewicht, braungelbe, schwärzliche, hellgelbe und selten weißliche oder grünliche Farbe und ist halb durchsichtig. Bricht bey Bleyerzen, welche es so räuberisch macht, daß kaum ein Drittel oder Viertel des Gehalts herauskommt. Ehedem wurde Blende mit Katzen-Silber und Gold für leere Bergart gehalten.

Bley, ein unedles Metall, von einer Schwere gegen das Wasser, wie 34. zu 3, von blauweisser Farbe, die in der Luft den Glanz verliert und schwarz wird. Im Feuer geht ein Theil im Rauch fort, ein anderer wird erst zur Asche, denn zur unvollständigen braungelben blätterigen Schlacke, Glötte genannt, und endlich zum halbdurchsichtigen Glase. Es ist zähe und sehr weich und ohne Klang. Es löset sich in Säuren auf, und die Auflösungen bekommen einen mehr oder weniger süßen Geschmack. Mit der Salzsäure macht es Hornbley. Auch Laugensalze und Oele lösen es auf.

Bley-Asche ist dasjenige Pulver, worinn das Bley zergeht, und das sich auf dessen Fläche als eine Haut erzeuget, wenn es im Feuer eine zeitlang im Fluß erhalten und der Zutritt der Luft unverwehrt bleibt. Diese Asche schmelzt bey anhaltender Hitze zu Glötte und denn treibt das Bley. Man sieht diese Asche oder Haut also allezeit beym Probieren mit Bley oder Treiben der Werke im Treibofen.

Bley-Erze sind die Mineralien, darin das Bley mit Schwefel oder Arsenick oder beiden verbunden und vererzt ist. Man kennt sie unter den Namen der Bley-Glanze, Bleyspathe, Bleyschweiff und s. w. s. diese Wörter.

Bley-Faß, ein Faß zum Abkühlen der Herd-Stücke.

Bleyglanz ein Bley-Erz, worin das Bley mit vielem Schwefel verbunden ist. Die äußerliche Gestalt ist ein Gefüge von länglichten Würfeln, die aus dünnen Blätterchen zusammen gefügt sind, welche schwärzliche, glänzende, polirte Flächen haben. Wenn die Würfel sehr klein sind, daß man sie kaum sehen kann, so ist klarkörnigter, klarspeisigter Bleyglanz, welcher allezeit an Silber reich ist. Der aus großen starken Würfeln bestehende, heißt grobkörnigter Bleyglanz.

Bleyglas, ein künstliches Produkt, welches entsteht, wenn Bley-Asche, Bleyweiß oder Mennig oder Glötte mit einem Theile reinen Kieselsande im verkrachten Tiegel zu Glas geschmolzen werden. Die Probierer nutzen es, die Verschlackung anderer Stein- und Erdarten damit zu erleichtern.

Bley-Glötte, Glötte ist eine auf den Treibherden beym Treiben entstehende unvollkommene Bley-Schlacke, von gelber oder braunröthlicher Farbe und ist aus zähen, fettig anzugreifenden Schuppen zusammengefügt.

Bley-Kalk heißt eigentlich das dem Aeußerlichen nach einer Erde gleich gemachte Bley, wenn z. B. das Bley aus einer sauren Auflösung mit Laugensalzen niedergeschlagen wird, so entsteht dergleichen, auch wenn das Bley durch Eßigsäure zerfressen, das denn Bleyweiß heißt.

Bley-Korn heißt das Silber-Korn, welches beym Abtreiben auf der Capelle geblieben ist.

Bley-Pautzen ist dasjenige, was der Frischer mit dem Abzugs-Instrument aus dem Frischbley zieht und besteht allezeit aus einer kupfrichten Masse, die besonders dem Rollenbley schädlich ist, wenn sie nicht abgesondert wird.

Bley-Probe ist die Untersuchung der Menge Bley in einem bestimmten Gewicht von Erze, welche mit Zusatz des rohen Flusses oder Eisens nach Art der Miner im Schmelz-Feuer geschieht. S. Cramers Metallurgie 2. Th. 110. u. f. S.

Bley-Rauch, bey sich haben, sagt man vom Kupfer-Zain, der noch etwas Bley enthält. 2) Der Dampf, welchen man vom treibenden Bley unter der Muffel aufsteigen sieht. 3) So viel, als

Bleysack, ein Ueberbleibsel von Bley, welches in dem ausgestochenen abgetriebnen Bleykorn geblieben ist. Man erkennt solches, wenn un-

 ten

ten am Bleykorn wenig oder gar keine Blasen sind, wenn nach dem Verblicken am Rande der Capelle Glötte geblieben ist, wenn das Korn noch neblicht nach dem Blick bleibt, oder auch auf dessen Fläche Regenbogen-Farben spielen.

Bleysack, s. Bley-Rauch. 2) Wenn der Blick auf dem Treibherd zwar oben und an den Seiten die rechte Farbe, unten aber noch viel Bley bey sich hat, welches beym Silber-Brennen erst abgetrieben wird und daher vom Gewicht des Silbers zu viel abgeht.

Bley-Schaum ist so viel, als Bley-Asche.

Bley-Schweiff ist ein Bleyglanz, der schuppicht ist, 2) ein kleinkörniges Bleyerz, wenn es als Streifen oder Schnüre in anderen Bergarten oder Erzen liegt, 3) ein äußerlich gelbes mit grauen und schwärzlichen Flecken im Angriff fettiges wegen vielen Arsenicks räuberisches Erz, 4) ein von gleicher Farbe, weiches, schmeidiges, im Bruch bleyfarbenes, reiches Erz, das aber etwas räuberisch ist.

Bley-Schwere nennt man die Menge des reinen Bleyes, welche man zum Zusatz eines zu probierenden Metalls oder Erzes auf Gold oder Silber gebraucht, und welche dem genommenen Gewicht des Metalls oder Erzes gleich ist.

Bleyspath, Weiß-Bley Erz ein Spathähnliches, schweres reiches Bley-Erz, das lange Zeit, wie bloßer Spath, verächtlich gewesen ist. 2) grüner Bleyspath, Grünbley-Erz, ist in derben Stücken halb durchsichtig und wie sechseckiger Spath, dabey sehr schwer und nicht hart, die Farbe fällt ins gelbige. Beyde scheinen etwas Arsenik zu haben.

Bley-

Bley-Stein ist ein Kupfriches und Bleyisches Gemische, das noch Silber hält, mit Schwefel verbunden, welches im Schmelzen der Erze sich über die Werke sezt und durch ein Streich-Holz abgezogen wird.

Bley-Waage ist beym Probieren die Waage, worin man die Bley-Schweren und schlechte Silberproben ꝛc. ꝛc. einwägt. Sie muß auf einen Probiercentner 1 viertel Pfund angeben, auch 6 bis 8 gemeine Loth tragen können, und Einsetz-Schälchen, mit Handgriffen versehen, haben.

Bleyweiß ist ein weißer schwerer Bleykalk, einer gemeinen weißen Erde, bis auf das Gewicht, gleich. Es giebt die Natur dergleichen, der aber etwas Arsenik zu haben scheint. Die Kunst bringt ihn durch Eßig-Dampf hervor, welcher die Bley-Platten auffrißt und in diesen Kalk auflöset.

Blicken ist beym Treiben auf dem Herd, nachdem die Glötte gänzlich entfernt ist, wenn das Silber nach vorher spielenden Regen-Bogen-Farben wie mit einer weißen Haut überzogen und die Fläche, welche kurz vorher noch Wellen machte, ganz ruhig und eben wird. Daher heißt Blick-Silber der hiebey zurückgebliebene Silber-Kuchen.

Bloßer Herd ist ein längliches von Brettern quer zusammengesetztes mit einem Rahm versehenes Viereck, auf dessen Ober-Theil ein Gefäll oder eine Erhöhung ist, darauf die Schlamm oder Wasch-Werke gestochen und zu Schliech gewaschen werden. Er ruht auf zwey Böcken beym Gefälle erhabener, damit die aufgeschlagenen Wasser abfließen können. Zum verwaschen der zähen

zähen Schlämme und Zwitter-Schlämme wird er gebraucht.

Blut-Erz s. rothgülden Erz.

Blut-Stein, Blutstein Erz ist eine Eisen-Miner, worin der Eisen Kalk mit etwas Alaun Erde verhärtet ist. Die äußerliche Gestalt gleicht einer Pyramide, die aus nach der Spitze zulaufenden Strahlen besteht, die Farbe ist braunroth oder schwarz, glänzend wie poliert, seine Schwere und Härte ist beträchtlich. Er giebt sprödes Eisen. Der Glas-Kopf gehört hieher und ist nur in seiner Gestalt von jenem unterschieden als welche auf einer Seite gewölbt, auf der andern winklich ist. Ferner auch Eisenram, der ein schuppigtes Gefüge hat.

Bock in der Hütte, ein eisernes Instrument mit zwey gekrümmten Spitzen, damit die Röste im Brenn-Ofen gerührt werden: 2) ein Erz-Haufen, der keinen vollen Rost ausmacht.

Bock machen, einen Hauffen Erz zum Rost zurichten.

Bock umbringen, das gebrannte Erz auf einen andern Rost bringen.

Boden-Blatt ist der vom Thon gemachte Boden, worauf die Muffel im Probier-Ofen stehet.

Boden Eisen ist noch einmal so breit und dick als Dünn-Blech.

Bolus sind mit fremden Theilen besonders mit Eisenkalk reichlich vermischte und etwas erhärtete Thonarten. Sie haben weder die Zähigkeit des Thons, noch lassen sie sich wie dieser, im Wasser so leicht erweichen.

Borax ein Salz, dessen Entstehung unbekannt ist, das aus mineralischen Laugensalze und dem sonbaren Sedativ-Salze besteht, im Feuer leicht nach einigen Schäumen fließt und zum verglasen der Erden und Steine sehr beförderlich ist.

Böse Libetten sind Kupfer, welche von denen durch den Frischofen geschmolzenen Gahr-Schlacken, die bey der Saiger-Hütte zum Grünenthal in Sachsen von schlimmen Kupfern gefallen sind, entstehen.

Böhnen, der Boden in der Schmelz-Hütte.

Brandmauer ist die Mauer, welche die hintere Seite des Ofens ausmacht, wo das Gebläse angebracht ist und den Raum ausfüllt, der durch die gewölbte Oefnung der Hauptmauer frey bleibt, damit an dieser Stelle von der großen Hize die Hauptmauer der Hütte nicht beschädigt und die Brandmauer desto leichter ausgebeßert werden könne.

Brandsilber beschicken auf der Münze das Brandsilber mit der gehörigen Menge Kupfer versetzen.

Brand-Stücke, die Stücke Silber, welche auf einmal fein gebrannt werden.

Brecheisen, Brechstange, Dolg, Spieß, Sperr, Räumeisen ist ein viereckiges, einige Zoll dickes, vorn spitz zulauffendes Eisen mit einem starken hölzernen Stiel, welches in der Hütten zum wegräumen beym Schmelzen gebraucht wird, wenn sich etwas fest auf oder angelegt hat, und die Schmelz-Arbeit verhindern will.

Breitzange, eine kleine starke vorn breite und glatte Zange, womit der Probierer das Silberkorn von der Capelle faßt und breit drückt, damit die noch etwa unten anhängende Kläre abspringt.

Brennen der Erze s. Erz brennen.

Brenn-Haus das Gebäude, darin das Silber fein gebrannt wird; 2) worin das Erz in bedeckten Rost-Stätten geröstet wird. S. Rost-Haus.

Brenn-Holz ist kurz und dünn gespaltenes Holz, worauf die Schlieche geröstet werden.

Brenn-Meister hat die Aufsicht über das Brennen der Schlieche, muß von den Rösten die Proben nehmen und überhaupt den Nutzen der Hütte zu befördern suchen.

Brenn-Ofen ist ein verschlossener Ofen, darin der Schliech durch darüber streichende Flammen geröstet oder gebrannt wird. Die weitere Beschreibung und Abbildung s. in Cramers a. B. 3. Th. und Schlüters a. B.

Brill-Ofen, Ungarische Ofen ist die Art von Krumm-Ofen, welche mit zwey Augen und zwey Tiegeln im Vorherd versehen sind. s. Schlüter.

Braunstein eine blättrichte, strahlichte oder durchsichtige Eisenminer, welche dem Eisenmann sehr ähnlich ist, aber ein sprödes untaugliches Eisen liefert.

Brust heißt bey Schmelzofen der untere Theil der Vorwand. Bey einigen Schmelzen, als dem über den Tiegel muß dieser Theil offen bleiben, damit das geschmolzene Metall im Tiegel sich sammlen und die Schlacke abfließen kann, dies heißt daher Schmelzen mit offner Brust. Das Gegentheil davon ist die zugemachte Brust.

Bungen, wenn man bey Roh-Schmelzen eine Scheibe rohen Stein abnehmen will, und dieser

Stein

Stein sich im Stechherd auf die Sohle auflegt, so an der Scheibe hängen bleibt. Dieser Fehler kömmt noch vorhergegangener zu vielen Röstung, weswegen die Arbeit matt geht.

Busen der Schmelzform ist die zunehmende Weite derselben, welche dem Gebläse zugekehrt ist.

C.

Cäment = Kupfer ist das Kupfer, welches aus dem Gewäßer, so aufgelöseten Kupfer = Vitriol enthält, als ein rother Schlamm niederfällt, sobald Eisen hineingelegt wird.

Capellen sind von lokerer Materie, am besten und gewöhnlichsten von Asche verfertigte Gefäße, worauf Gold und Silber durch Verschlacken mit Bley von andern Metallen rein gemacht werden. Ihre Bereitung und erforderliche Güte lehren die Probier = Bücher.

Chalcedon ein blaulichweißer, zuweilen violetter halbdurchsichtiger Kiesel. Gehört zu den Edelgesteinen.

Chrysolit ein gelbgrüner durchsichtiger glasartiger Stein. Gleichfalls ein Edelgestein.

Chrysopras ein braun grüner durchsichtiger Edelgestein.

Cupolo ist ein Ofen, darin mit höchstem Grad des Flammenfeuers Erze und Metalle geschmolzen werden. Er hat die größte Aenlichkeit mit einem Spleiß = Ofen, nur daß durch einen höhern Aschenfall und durch den angebrachten Schornstein ein stärkerer Zug zu Vermehrung der Hize erhalten werden muß. Die Beschreibung s. Cramers 3ter Th. 1ter B.

D.

Dahl-Karl heißen bey dem Kupfer-Erz-Schmelzen zu Fahlun die Eisenhaltigen Klumpen, welche sonst Eisensauen genannt werden.

Damm vor den Ofen ist am Unter-Harz bey den Silber- und Bley-Erz-Schmelzen auf dem leichten Gestübbe eine auf der Sohle von angefeuchteten Gestübbe und Klein gegen den Ofen zunehmende Anhöhe, die nur ohngefehr 3 Zoll tiefer liegt, als die Form.

Darr-Balken sind starke gegossene viereckige Eisen, welche in den Darr-Ofen auf die von Backsteinen aufgeführten Pfeiler liegen.

Darr-Blech, Darr-Wand die eiserne Thür, welche vor dem Darr-Ofen angebracht wird und inwendig mit Leimen ausgefüttert ist.

Darren ist durch Hülfe eines stärkern Feuers das Werk-Bley aus den Kienstöcken bringen, welches in der Saygerung noch zurückgeblieben war.

Darr-Kräz oder Gekräze, auch Rost-Dörner die Schlacken, so bey dem Darren von den Kupfer abgehen und in den Gassen des Darr-Ofens sich sammlen, noch Werkbley und Kupfer enthalten.

Darr-Kupfer oder gebrannte Kienstöcke sind die ausgearteten Kupfer, welche weder Werk noch Schlacken mehr geben, und bey dem Darren anfangen Zacken zubekommen.

Darr-Ofen ist, darin die noch nicht rein ausgeschmolzene bleyischen Kupfer bis zum Schmelzen erhizt werden und alles Bley und Silber ausgeschmolzen wird, welches auf eine abschüßige Lage

und

und von da in angebrachte Gruben oder Tiegel zusammen fließt. Die Beschreibung desselben ist mit dem Kupfer deutlich in Schlüters a. B. 2) in Glashütten ist es der Ofen, worin das Holz getrocknet wird, welches zum Glas-Schmelzen dienen soll.

Darr-Wand s. Darr-Blech.

Devalviren, bestimmen, wie viel ein Stück Geld mehr oder weniger werth ist, als wovor es ausgemünzt ist.

Deck-Stein s. Diegel.

Diamant der vornehmste Edelgestein, der die gröste Härte und Dauerhaftigkeit besizt. Er wird für den reinsten Glasartigen Stein gehalten, der jedoch im starcken anhaltenden Feuer am Gewichte verlieren soll.

Diegel, Deck Steine sind 2 bis 4 Zoll dicke, grosse breite Steine, womit die Abzüchte unter den Oefen zugedeckt werden.

Dingner, Dinge-Herr ist am Unterharz derjenige, dem die Arbeit bey dem Rösten verdungen wird. Seine Helfer heißen Hoff-Arbeiter, auch Rost-Wender.

Dörner-Bley, Kräz-Werk, Zuschlag-Bley ist das Silberhaltige Bley, welches aus den Kienstöcken gesaygert wird, die vom Frischen oder Schmelzen der Rost- und Sayger- auch Darr-Krätz fallen. Dabey bleiben auf dem Sayger-Herd die

Dörner-Kienstöcke, Kräz-Kienstöcke, welches das ausgesaygerte Kupfer ist. Es heißt auch Kräz-Kupfer.

Dörnlein schmelzen ist, die Darr- und Sayger-Dörner mit bleyischen Vorschlägen zusammen schmelzen, dabey, was bey Sayern und Darren vom Bley und Kupfer zu Schlacken geworden ist, wieder reducirt oder gefrischt wird.

Drang ist eine Reihe Bläschen, die das Treiben wie in einem Cirkel umgiebt, und mit dem Treiben selbst verkleinert wird.

Duckstein s. Tropfstein.

Dub-Hammer ist auf dem Kupfer-Hammer ein langer rund-spitziger Hammer von anderthalb Centner, der vom Wasser gehoben wird und die Kessel austiefft.

Dün-Stein, Spor-Stein ist der Stein, welcher beym Kupfer-Schiefer-Schmelzen fällt.

Dürres Hartwerk ist das noch wenig bleyische Kupfer, welches zu Brixlegen von der Rost-Schicht geschmolzen wird. 2) das vor alten Zeiten vom Mittel-Hartwerks-Stein ausgebrachte bleyische Kupfer. Mit diesem ist zugleich der

Dürre Hartwerks-Stein ausgebracht, der nach zweymaligen Rösten zu Schwarz-Kupfer geschmolzen ist.

Durchgestochen Stein ist ehedem von dem einmal gerösteten Rohen Schlaken-Stein mit Vorschlag von silberhaltigen Erzen ausgeschmolzen.

Durchstech-Stein, Spurstein, reich Lech ist der vom gerösteten Stein oder Lech geschmolzene Stein, darin also der Gehalt ins Enge gebracht ist.

Durchrädern, das verkleinte Erz u. s. w. durch Hülfe eines dräternen Siebes oder des Durchwurfes

wurfes von dem gröbern scheiden, daß jenes hin durch fällt, dies aber zurük bleibt.

Durchschnitt ist in den Druck-Münzen ein Gehäuse, unten mit einem runden Loche, über das eine stählerne Schraube gerichtet ist, die in das Loch passen muß und mit welcher in einem Ruk die Zaine abgeschnitten runde Platten geben.

E.

Edelgestein sind die harten, klaren oder schön gefärbten Steine, welche wegen ihrer Seltenheit und Schönheit in einem sehr hohen Preis stehen.

Eichschälchen, Einsetzschälchen sind von dünnen Silber gearbeitete Schaalen, darin das Korn auf der Probier-Waage abgewogen wird.

Eingüsse sind lange und tiefe Gefäße von gegossenem Eisen, darin das geschmolzene Metall gegossen wird und erkältet. Sie sind von verschiedener Art. Soll das Metall in Zaine oder Lingotten gegossen werden, so nimmt man die, wie Rinnen geformten, gegen ihre Breite beträchtlich längeren Eingüße; soll es aber in Barren gegossen werden, die 50 bis 100 Pfund wiegen, so nimmt man solche Eingüsse, die kaum zwey- bis dreymal länger, als breit sind.

Einlieger ist so viel, als Hüttenwächter.

Einsetzschälchen s. Eichschälchen.

Eintrag-Löffel, Eintrag-Kolbe ist in der Glashütte eine lang gestielte viereckige Schauffel, womit die Materie zum Glas-Schmelzen eingetragen wird.

Eintränken, im Schmelzen Metall zergehen lassen.

Eisen ist im Hammer-Münzen das obere Eisen, wel-

welches auf das untere gesezt und darauf geschlagen wird.

Eisen ist das bekannte unedle Metall, das gegen die andern das härteste und schwerste zu schmelzen ist, wobey es zu einer schwarzen Schlake wird. Bey starken Glüen giebt es praßelnde hellblaue Funken von sich, und brennet zu schwarzblauen Schuppen, Hammerschlag genannt. Im Glüen wird es spröde. Es ist von einer Wasser-Farbe, läuft aber bald in der Luft an und bekömmt dunkele Rost-Flecke. Mit dem Vitriolsaure macht es den grünen Vitriol.

Eisen-Baum, auf den Hammer-Werken ein runder Baum drey Ellen lang und vier bis fünf Zoll dick, auf dessen Mitte eine starke eiserne Schiene genagelt ist, darauf die Stücke vor den Hammer gehoben werden.

Eisen durchschweissen, dem Eisen seine Schmeidigkeit durch ein so helles Glüe-Feuer, daß es Funken von sich wirft, verschaffen, indem in solcher Hize des Eisens die fremden schlakigten Theile, die eher zum Fluß kommen, als das Eisen, durch den Hammer fortgetrieben werden.

Eisen, dickgrelles, ist Roheisen, welches wegen noch beygemischter fremden Theile matt fließt, schäumig und inwendig voll Blasen ist. Im Bruch ist es weiß und nur zu sehr groben Geräthschaft zu gebrauchen, giebt auch ein schlechtes und mürbes geschmiedetes Eisen.

Eisen, dünngrelles, ist Eisen, das wegen fremder Beymischung im Feuer sehr dünn fließt, dabey ganz spröde, hart, dicht und weiß im Bruch wird.

ird. Giebt gutes Stabeisen und dient zu klei-
er Art Goßwerk in halb und ganz Lehmen.
enfarbe ist eine blättrige, lockere Substanz,
hwarz, glänzend, wie Glimmer, fettig, sei-
nhaft, die Hände schmutzend, wie Wasserbley.
Scheint zerstörtes Eisen zu seyn, wiewohl es da-
i nicht kann reducirt werden.
en gahres, ist solches Eisen, welches im Schmel-
n auf die möglichste Art von Schlacken, Schwe-
l und Arsenick gereiniget ist und auch kaum
ierkliche Spuren von andern Metallen führt.
Der Bruch ist schwarzgrau, körnig, rauh.
Seine Flüßigkeit im Feuer ist mittelmäßig, giebt
as beste Goßwerk im Sande. Es wird alle-
it von der sogenannten Eisenfarbe begleitet, welche
eich wieder verschwindet, sobald das Eisen aus ei-
er oder andern Ursach zur ungahren Art übergeht.
en geschmiedet, s. Stabeisen.
en, kaltbrüchiges ist das sich glüend gut be-
rbeiten läßt, kalt aber in der Arbeit zerspringt.
Solches Eisen hat im Durchschweissen nicht alles
Schlackige verloren.
en, rohes, Roheisen, ist unreines Eisen,
elches im Schmelzen die Schlacke vom vergla-
ten Eisen und der Bergarten, die mit ihm ge-
hmolzen, etwas in sich behält, das ihm die ge-
örige Schmeidigkeit unter dem Hammer benimmt.
en, rothbrüchiges, ist das sich glüend nicht
earbeiten läßt, sondern auf einen starken Ham-
ierschlag auseinander reißt. In der Kälte ist
s zäh. Die Beymischung des Schwefels und Kup-
ers ist die Ursache hievon. Es dient zu Goßwerk.

Eisenblumen heißt der in Gestalt von Korallenförmigen Bäumchen gewachsene Eisenstein. Zuweilen erhält fälschlich der bloße Tropfstein diesen Namen.

Eisenmann und Eisenram sind reichhaltige Eisenminern, die oft unter dem Glaskopf brechen, bald strahlicht, bald blätterig und auch drusig sind, die Farbe ist schwarzblau und glänzend. Die Härte ist gering, doch das Gewicht gros. Die derben sind die reichsten.

Eisenglimmer, Eisenletten, eine braunrothe Eisenminer, die aus zarten feinen Schuppen, dem Glimmer ähnlich, besteht, seifenartig und wie fetter Thon anzugreifen, sehr mürbe ist und im Wasser zergeht, die Schwere ist gering. Sie ist reichhaltig und giebt ein gutes Schmelzen.

Eisenocher ist eine gelbe, oder braunrothe, oder dunkelbraune, schmierige, fette Erde, die von verwitterten Eisensteinen oder Kiesen entsteht. Sie ist eigentlich ein Eisen-Kalk, der zufällig mit andern Erden vermischt ist.

Eisensauen sind große zusammengesinterte Klumpen, die in den Kupfer-Erz-Schmelzen sich in den Ofen sammlen, auflegen und daher machen, daß man den Ofen aufmachen und sie herausbrechen muß, weil sie das Schmelzen verhindern. Sie entstehen von dem Eisen, das in den Kupfer-Erzen sich befindet, welches aber von diesem Schmelzfeuer nicht fließt.

Eisenschüßig heißen die Bergarten, welche einen sehr geringen Eisengehalt haben und von Farbe braugelb, oder röthlich sind. Sie halten höchstens 15. Pfund im Centner.

Eisen-

Eisenschweissig, Eisenrohmig, wird die Bergart genannt, die äußerlich einen reichen Gehalt an Eisen verspricht, aber wenig oder nichts enthält.

Eisenstein, nennt man gewöhnlich die harten festen Eisenminern, welche reich am Metall sind. Sie stehen in Gängen, Flötzen und Stöcken, und sind in Ansehung der Farbe, des Gehalts und Gefüges verschieden, erhalten daher auch besondere Namen. Der gemeine Eisenstein ist gelb, röthlich oder braun von unordentlicher Gestalt. Außerdem giebt es schwarzblauen im Bruch körnigten, rothen, braunen und Leberfarbigen, welcher Stahlstein heißt, von bestimmter und gewölbter Figur, der Blutstein, Glaskopf heißt, wieder solchen Eisenstein, der das Eisen an sich zieht, und unter den Namen Magnet bekannt ist. Andere die sich auf dem Felde finden und Sumpf- oder Mohrsteine genannt werden, scheinen von erhärteten Ocher entstanden zu seyn.

Eisenvitriol ist ein grünes zusammenziehendes Salz, welches in der Luft zum weissen Pulver zerfällt, das nachher gelb wird. Mit dem Absud adstringierender Pflanzen-Theile, als Galläpfel, macht es eine schwarze Farbe.

Erze heißen die natürlichen Produkte, die aus Metallen oder Halbmetallen und Schwefel oder Arsenick oder beyden zugleich bestehen. Wenn man durch die Kunst die Metalle oder Halbmetalle mit obengedachten Substanzen genau vereinigt, so entstehen künstliche Erze und die Arbeit selbst heißt vererzen. Es werden aber auch nach dem

Hüttengebrauch alle Metallhaltigen Erden und Steine, Erze genannt, wenn sie gleich weder Schwefel, noch Arsenick halten.

Erze flüßige sind die vor sich oder mit schicklichen Zusatz im Schmelz-Feuer so fliessen, daß das ausgeschmolzene Metall aus der verschlackten Bergart sich leicht scheiden, niedersetzen und zusammen fliessen kann. Wenn dies nicht ist und die

Erze strenge sind, so wird zu dem Schmelzen ein heftiges und anhaltendes Feuer erfodert. Endlich heißt das

Erz unschmelzbar, welches auch beym heftigsten Feuer nicht zum Schmelzen kommen will, und zum Zusatz vielen Fluß erfodert.

Erz ist räuberisch, wenn in oder neben ihm ein Mineral steckt, welches das Metall im Feuer flüchtig oder zur Schlacke macht, woraus es nicht wieder zu erlangen ist.

Erz ist scheidig, wenn die Bergart sich vom Erze scheiden läßt, ehe es ins Schmelzfeuer kommt. Im Gegentheil heißt es unscheidig.

F.

Fällen das Scheidewasser, solches durch zugegossene Silberauflösung vom beygemischten Salzsauren befreyen, indem sich dies mit dem Silber vereinigt und einen zarten weissen Schlamm bildet, davon das klare und gefällte Scheidewasser abgegossen werden kann.

Fäll-Kessel sind flache, dicke, kupferne Kessel, darin die mit Scheidewasser gemachte Silber-Auflösung gegossen und im Kochen gefället wird, welches das warme Silberfällen heißt.

Fäll-Silber ist das mit Kupfer aus dem Scheidewasser niedergeschlagene Silber.

Fahlerz, Fahl-Kupfererz, Weiserz, besteht aus Kupfer, Arsenick und wenig Schwefel. Es ist zuweilen reich an Silber und wird alsdenn auch oft unter die Silbererze gezählt, da es denn dem weisgülden Erz am nächsten verwandt ist.

Federalaun ist der in Fasern aus den verwitterten Alaunminern von selbst hervorkommende Alaun. Im äußerlichen Ansehen kommt er mit dem von selbst sich aus den Kiesen zeigenden Vitriol und der Asbest Art überein, wovon er aber wesentlich abweicht.

Federweiß eine Art Asbest, die im Feuer so verhärtet wird, daß mit dem Feuerstahl Funken herausgeschlagen werden. 2) bey Goslar ist es ein Tropfvitriol, der jenen nur im Aeußerlichen gleicht.

Felsen-Werk, Pochmehl ist das taube Gestein, welches beym Pochen vom Erz abgeschieden ist.

Feuer-Schirm, gehört zum Geräth des Probierers und ist ein mit Löchern oder Ritzen versehenes Blech oder dünnes Brett, wodurch der Probierer das Verhalten der Probe im Feuer beobachtet und den Schaden abhält, den ihm die ins Gesicht scheinende Glut erregen könnte.

Flammofen ist ein Ofen, darin mit streichenden Flammenfeure, Erze und Metalle geröstet und geschmolzen werden. Sie bestehen aus einem Windofen und besondern Herd, zu dieser Art gehören die Treib-Ofen, Spleiß-Ofen, der Gahrherd und Cupolo.

Fließ-Loch ist das Loch, wo beym Zinnstein-

Schmelzen das reducirte Zinn und die Schlacke hinaus und in den Herd fliessen kann. Beym Silberschmelzen heißt es das Auge.

Flimmer, eine glänzende taube Bergart, s. Glimmer.

Flöße, s. Flußspath.

Flugstübbe, Rauchschlieech ist derjenige Schliech unter der Beschickung, welcher in einem zu niedrigen Ofen, wenn er mit heller Form geht, zerstreuet wird und als umherfliegender Staub verloren geht.

Flugstübbe Gewölbe sind über die niedrigen Ofen angebrachte Gewölbe, woran sich die Flugstübbe sammlen soll.

Fluß heißt jeder Körper, der einen unschmelzbaren Körper im Feuer schmelzbar macht.

Flußspath ist weder an Gestalt noch Schwere vom gemeinen Spath unterschieden, aber das ist ihm eigen, daß, obgleich er für sich im Feuer nicht fliessen will, er mit dem unschmelzbarsten Körper verbunden, bald zu einen dünnen glasigten Fluß gebracht wird. Er findet sich von verschiedener Farbe, und ist unter den Namen Bergfluß, Flöße, auch bekannt.

Form ist die einer dreyeckigten abgekürzten gleichseitigen Pyramide gleiche eiserne oder kupferne Röhre, welche in das Loch der Brandmauer gelegt den Wind aus der Balgdeute empfängt und in den Ofen führt. Ihre Oefnung in dem Ofen heißt das Maul und der Rand des Mauls, welcher dicker ist als die übrige Form und einige Zoll ohne Zunahme der Weite fortgeht bis an das Ende der Pyramide, der Rüssel; die Seite,

welche

welche auf der Mauer und worauf die Balgdeute liegt, das Blatt; die Seiten welche über die Balgdeute gehen, der Busen.

Formstein ist bey einigen Eisenhütten, wo man keine Form hat, ein Stein, darin man ein Loch in Gestalt einer Form macht und in selbiges die Balgdeute legt. Mann nennt dies Schmelzen, durch den Stein blasen.

Formstosser ist ein Eisen, womit in den Hütten die vernasete Form aufgemacht wird.

Formzacken ist beym Frischfeuer, worinn das Roheisen zu gahr Eisen gemacht wird, ein gegossenes eisernes Blatt, womit das Feuer an der Seite, da das Gebläse in das Feuer sticht, ausgesetzt wird.

Frischen nennt der Schmelzer, den Metallen oder Halbmetallen, welche zu Schlacke oder Kalk verwandelt sind, vermittelst des Brennbaren im Schmelzen ihre gehörige Form wiedergeben. Es heißt sonst diese Operation Reduciren, Reduction. 2) Wenn silberhaltige Kupfer mit Bley im Ofen zusammengeschmolzen werden, damit nachher durch Absaygern das Silber im Bley erhalten werden kann.

Frischbley ist das gemeine Bley, welches aus der Reduction der Glötte entsteht. 2) Das Bley, welches beym Frischen des Kupfers zugesetzt wird. s. Frischen.

Frischboden ist der Boden des Frisch-Herds auf Hammerwerken. Er besteht aus einem zwey, bis zwey und einen halben Zoll dick gegossenen eisernen Blatte, welches auf gröblich zerstossene Schlacken, die mit etwas Kohlenstaub vermengt sind, ruht,

 damit

damit es durch untergelassenes Wasser abgekühlt werden kann.

Frisch-Feuer ist das Feuer, wodurch auf dem Frischherd das rohe Eisen gahr gemacht wird.

Frischherd ist der Herd in Hammerwerken, worauf das Eisen gahr gemacht oder geschweißt wird. Er besteht aus dem Frischboden und hat auf zwey Seiten und hinten gegossene eiserne Blätter, womit das Feuer ausgesetzt wird. Die Seiten-Blätter heissen Frischzacken und das hinterste Blatt, Hinterzacken. Auf der Seite des Gebläses ist der Formzacken und diesem gegenüber ein Blatt, wie die vorigen, der Gichtzacken. Die fordere Seite wo die Arbeiter stehen, wird mit Steinen eingeschlossen.

Frisch-Schlacke ist die von dem Frischherd und aus dem Feuer abgelassene Schlacke. So lange sie noch im Feuer ist, heißt sie Lacht.

Frischzacken s. Frischherd.

Füll- oder Schienfaß ist, wie eine Futterschwinge im Pferdestalle, in den Hütten werden damit die Kohlen auf die Ofen getragen.

Futtermauer sind die starken von Feuerfesten Steinen aufgeführten Seitenmauern des Schmelzofen, welche die Pfeiler gegen die Gewalt der Hize decken.

G.

Gahre heißt beym Gahrmachen des Kupfers die Probe, welche man vermittelst eines Eisens von dem im Herd fließenden Kupfer nimmt, um zu sehen, ob oder wie weit das Kupfer gahr ist.

Gahre

hre, glätte ist der erste Grad der Gahr-Kupfer, wo denn die Gahre äußerlich glatt und sauer aussieht, an einigen Stellen zarte Fädchen, wie ein seiden Zeug hat und inwendig meistens roth ist, und wenige oder keine hochgelbe Blumen zeigt.

hre, rauhe ist der zweyte Grad, wenn man nemlich die Kupfer noch höher treiben will. Die Gahre hat alsdenn keine glatte, sondern eine rauhe aus zarten Zäckchen gebildete Fläche. Die Zäckchen vermehren sich an der Gahre, je höher die Kupfer getrieben werden und es setzen sich endlich vorne gleiche Zäckchen an, die Bart heißen. Die Farbe ist schön roth, der Bruch fein und roth. Das ist die höchste Gahre, worauf die Kupfer ausgerissen werden.

hreisen ist dasjenige Eisen, womit man die Gahre holet. Es ist 3 Fuß lang in der Mitte eines Fingers dick, an beyden Enden aber dicker und forn rundlich und ganz glatt.

hr-Herd ist ein offener Herd von schweren Gestübbe gemacht, darin man einen Tiegel ausschneidet und hinter solchen ein stark fallendes Gebläse in die Brandmauer legt. Der Tiegel wird voll Kohlen gefüllt, die Schwarzkupfer, welche nicht bleyisch, sondern eisenhaltig sind, nach und nach darauf getragen, solche eingeschmolzen und wenn der Herd bis unter der Form voll geschmolzen ist, mit verstärktem Gebläse bis zur Gahre gebracht. Die Schlacken fließen auf den zur Seite angelegten abschüßigen Schlackenbett ab. Dieser Gahrherd heißt auch an einigen Orten ein Rosettier-Herd.

Gahr-Krätz heißt das Kupfer, welches, aus dem Gahr-Schlacken, so bey der Sayger-Hütte zum Grünenthal in Sachsen, vorfallen, geschmolzen wird. Sind diese Schlacken von guten Kupfer gewesen, so heißt der Gahr-Krätz auch gute Libetten, sind sie von bösen Kupfer gewesen, böse Liebetten.

Gahr-Kupfer ist ein von allen fremden Beymischungen freyes Kupfer.

Gahrmachen heißt durch Hülfe des Feuers und Gebläses dem Kupfer alle Unreinigkeit benehmen, welche in Schlackenform von dem übrig bleibenden reinen oder Gahr-Kupfer abgeht. Mit dem Eisen-Gahr machen hat es eben diese Bewandniß. s. Schweissen. Spleissen.

Gahr-Ofe s. Spleiß-Ofe.

Gahrspohn. Wenn das Gahr-Eisen, die Gahre zu holen, in das fließende Kupfer getaucht und es wieder herausgezogen wird, so bleibt an dem Eisen eine Schaale von Kupfer hangen, aus deren Beschaffenheit man die Güte des Kupfers beurtheilt. Diese Schaale heißt der Gahrspohn.

Gahrschaum ist eine bey dem hohen Ofen auf Eisenhütten vorfallende weiße, schäumige, dem Bimsstein gleiche Schlacke.

Gahrschlacken ist die zu Schlacken gewordne Unreinigkeit, welche beym Gahr machen der Schwarz-Kupfer abgeht.

Gahrschlacken Könige ist das bleyische Kupfer, welches aus dem Gahr-Schlaken mit Zusatz von Bley-Schlacken am Unterharz geschmolzen wird. Diese Könige werden abgesaygert und daher kommt

Gahrhrschlaken Werk, das aus demselben erhaltene Werkbley.

hrschlacken Kupfer ist das von dem Gahrschlacken Königen fallende reine Kupfer.

hrschlacken Stein ist der bey dem Schmelzen der Gahrschlacken Könige fallende Stein, welcher

hrschlacken Rost heißt, wenn er achtmal geröstet ist und:

hrschlacken Rost-Kupfer, das aus Gahrschlacken Rost geschmolzene Kupfer.

almey ist der gemeinste Zinkstein, der aber in gar verschiedener Gestallt und so vielerley äußerlichen Ansehen wegen beygemischter Bergarten und metallischer Körper zum Vorschein kommt, daß man ihn nicht beschreiben kann. Auf Kohlen stark geglüet, giebt er einen weißen Dampf, der sich an ein kaltes Eisen, wie Spinngewebe, ansezt und wenn er vorher gebrannt, nachher zerstoßen und mit feuchten Kohlenstaub vermischt, im Tiegel gethan und gebrannt wird, so wird das Kupfer, welches über solches Gemische gelegt ist, zu Messing.

almeystein ist Eisenhaltiger Galmey, welcher unter dem Eisensteine verblasen wird, daher sich in einigen Hütten in den Gichten der Galmeyische Ofenbruch häufig anlegt, der zu den besten Tombackarbeiten sehr gut ist.

almeyischer Ofenbruch ist eine Zinckschlacke, welche sich in dem obersten Theil z. E. des hohen Ofens ansezt und da die Hize hier nicht sehr stark ist, zusammensintert. Diese Schlacke scheint vorzüglich davon zu entstehen, wenn der mit dem Eisen reducirte Zinck in das Gestelle und vor den Wind kommt, so wird er durch die große Hize und das starke Gebläse zerstört und in die Höhe getrieben. Es sammlet sich dergleichen bey dem Bley-Erz-Schmelzen in den Ofen, wenn die Erze Zinckisch sind. Dieser sieht grünlich, olivenfarbig, auch jener braunroth aus, ist derb und schwer. Zur Messings und Tombacksarbeit wird er gebraucht. Der grüne führt von der Farbe den Namen, es heißt auch derselbe frischer Galmey beym Rammelsbergischen Erz-Schmelzen.

Gattern, das fließende Zinn auf ein warm gemachtes Kupfer-Blech gießen. Solches Zinnblatt heißt Gatter. Es wird zusammen gerollet und man schlägt es nachher derb zusammen, so heißt es ein Ballen.

Gebläse abhangen, die Bälge außer Wirkung setzen, beym Aufhören des Schmelzens.

Gebläse sind die Blas-Bälge in Hütten.

Gebläse anlassen, die Bälge arbeiten lassen, bey anfangenden Schmelzen.

Gebläse geher still, wenn das Feuer wenig anfachet.

Gebläse überspannen, wenn es zu stark geblasen wird.

Gediegen Metall heißt ein Metall, welches in seiner völligen metallischen Form aus der Erde kommt.

Gefälle ist im Puchwerk der obere Theil des Plan-Herds, darauf der Schlamm aus den Gerinnen und Sümpfen getreckt, Wasser zugeschlagen und über den Plan-Herd gewaschen wird.

Gestell ist ein kleiner Ofen, der auf den Bodenstein

stein des hohen Ofen gemauert ist, in welchen die Sätze oder Gichten eintreten. Er hat auf allen Seiten etliche Fuß dicke Mauren, welche Rast heissen, weil darauf, die eingeschütteten Sätze ruhen und der Eisenstein nebst Kohlen nach und nach hineinlauffen.

efluder ist der von Brettern zusammengefügte Canal, worinn das Wasser den Wasser-Rädern zugeführt wird.

icht ist die Mündung des hohen Ofens, worin Eisenstein und Kohlen geschüttet und gleich vertheilt werden.

ichtzacken s. Frisch-Herd.

ießpuckel ist ein meßingern Gefäß, welches oben weit und unten eng ist, einen breiten Fuß und an der Seite einen Stiel hat. Der Probierer gießt die geschmolzene Erze dahinein, damit sich das reducirte schwere Metall aus der fließenden Schlacke niedersetzen und in den engern Raum sammlen kann. Dies Metall bekommt alsdenn den Namen König, und die über solchen stehende Maße, Schlacke.

ieß- oder Schmelz-Kollen sind große eiserne Löffel, darin die in die großen Schmelztiegel nachzutragende Materie gefaßt und in diese geschüttet wird.

ifterz ist gediegener Arsenik in seiner halbmetallischen Form, ist von Farbe grau und schwarzblau, auf dem frischen Bruch bleyfarbig, wird aber binnen wenig Tagen in freyer Luft schwarzblau.

las, gemeines ist der künstliche harte durchsichtige Körper, welcher aus Kieselsand und Pottasche ge-

geschmolzen wird. Es ist das Glas überhaupt mit der eigentlich sogenannten Schlacke einerley. Es kann solches blos aus zusammengeschmolznen Bergarten, ferner aus Bergarten mit feuerfesten Laugensalzen und endlich aus zerstörten Metallen mit oder ohne Bergarten bereitet werden. Nach der ersten und dritten Art entstehen auch bey grossen Arbeit die Schlacken.

Glas-Erz ist ein bleyfarbiges, schmeidiges Silbererz, das aus etwas Schwefel und vielem Silber besteht.

Glasgalle ist die Masse, welche bey dem Schmelzen des gemeinen Glases, als ein Fett, oben auf schwimmt. Sie besteht aus mit etwas Vitriolsäure gesättigter Pottasche, etwas unveränderter Pottasche und wegen des angenommenen Brennbaren ist ein Theil des erstern zur Schwefelleber geworden. Diese ist ein starkes Auflösungsmittel und daher auch die Glasgalle, als ein Fluß, beym Probieren sehr zu nutzen. Die beste ist in dichten, harten, großen Stücken.

Glas-Häfen sind große runde von feuerfesten Thon gebrannte Tiegel, worin das Gemenge zum Glase geschmolzen wird.

Glas-Hütte ist das Gebäude, worin alles, was zum Glasschmelzen erfordert wird, enthalten ist. Dazu gehört das Glas-Magazin, die Werkstatt des Glasschneiders, der Calcinier-Ofen, der Schmelz- oder Werk-Ofen, der Kühl-Ofen nebst allen Geräthe.

Glas-Kopf, s. Blutstein.

Glatte Gahre, s. Gahre.

Glauch-Herd ist ohne Planen, aber übrigens wie ein Plan-Herd.

Glimmer, eine taube Bergart, wie Bergkalck, ist meistens in kleinen glänzenden Schuppen mit andern Bergarten vermengt. Nach der Farbe bekommt er verschiedene Namen. Der schwärze, Pechblende, der weisse, Katzensilber, der gelbe, Katzengold.

Glötte, s. Bley-Glötte.

Glött-Gasse sind die Reiffen, worin die beym Treiben entstehende Glötte aus dem Treib-Ofen fließt.

Glött-Frischen, aus der Glötte mit blossen Zusatz von Kohlen das gemeine Bley schmelzen. Hiebey wird die Glötte nur reducirt.

Glött-Hacken ist ein Eisen, womit die Rinne oder Gasse in der Asche auf dem Treibherd gemacht und die abfliessende Glötte nachgeholfen wird.

Glött-Schicht ist die ganze Menge der Glätte, welche von einem Treiben im Treibherd erfolgt.

Gold, das edelste, vollkommenste Metall, von der größten Schwere die gegen das Wasser, wie 79. zu 3. ist, von der äußersten Unveränderlichkeit im Feuer, worin es nur blos fließt und denn eine meergrüne Farbe auf der Fläche zeigt, von der größten Schmeidigkeit und Ausdehnbarkeit, ohne Klang, von hochgelber glänzender Farbe. Das Scheidewasser löset es nicht auf.

Gold-Erz, worin das Gold durch Schwefel oder Arsenick vererzt wäre, ist, wenn man auch die Möglichkeit zugiebt, höchstselten. Uneigentliche Gold-Erze sind, die bey grossen Gehalt von Bley oder Silber etwas Gold führen, da in der

Ver-

Verbindung mit solchen Metallen das Gold verzt seyn kann. Dergleichen giebt es. Sie verdienen aber dem Namen Gold-Erz nicht. Das Gold findet sich gediegen, entweder im festen Kiesel oder Quarz oder im bläulichen Schiefer oder im Sande verschiedener Flüsse, der daher Gold-Sand heißt, und woraus das Gold durch Verwaschen gewonnen wird.

Gold-Glötte heißt die Bley-Glötte, wenn sie ein gelbglänzendes Ansehen hat.

Gold-Kieß, ein Kieß, der Gold enthalten soll. Am meisten mag dieser Name wohl von dem gelbglänzenden Flächen des Schwefel-Kieses entstanden seyn.

Gold-Sand, s. Gold-Erz. 2) Das in sehr kleinen Schüppchen zergangene Katzen-Gold.

Granat, ein braunrother durchsichtiger Edelgestein. Er fließt für sich im Feuer leicht und wird zur schwarzen Schlacke.

Grauer Schwefel ist mit vieler Erde verunreinigter Schwefel.

Gräupel, Graupen-Erz ist das grobe von dem zerkleinten Erz, welches nicht durch den Räder geht. Grobe Gräupel was vor dem groben, kleine Gräupel, was vor dem kleinen Räder zurückbleibt.

Grubert-Erz heißt zu Neusohl das Gemische aus Kupfer-Stuff-Erz, Kern, Gelb-Kupfer-Erz, Schwarz-Kupfer-Erz, welches verschmolzen wird.

Grüner Vitriol, s. Eisen-Vitriol.

Gyps ist eine mit Vitriolsauren gesättigte Kalk-Erde. Er fällt in grossen derben Stücken, Gyps-

stein

ein genannt, auch wie Spath gestaltet, nicht
lten in durchsichtigen Stücken aus dichtzusammen-
egenden Blättern, unter den Namen Marienglas,
Frauenweis, welches im Feuer aber gleich die
Durchsichtigkeit verliert und zerspringt.

H.

are, auf die Haare treiben, sagt man, wenn
er Bley-Stein mit dem stärksten Grad der
Hitze getrieben wird, die Werke fallen zu lassen,
nd dadurch zugleich der mehrste Schwefel im
Stein verbrannt wird, daß man das Kupfer se-
en kann. Wenn man denn mit dem Löffel aus
em Treiben von dem mattgewordenen Stein
was ausschöpft, erkalten läßt und den Stein
us dem Löffel schlägt, so zeigt sich an der untern
Fläche das Kupfer, wie feine Haare.

arsilber, ist gediegenes Silber, das wie feine
äden gestaltet ist.

be hohe Ofen sind diejenigen, deren Schacht
ber der Form 5, 6, bis 8 Fuß Höhe haben,
elcher in der Mitte enger und an beyden Enden
nten und oben weiter ist. s. Cramers 3ter Th.
B. 3te und 4te Tab.

bmetall kommen den unedlen Metallen am
ächsten, außer daß sie sich gar nicht oder weni-
er unter den Hammer treiben lassen, im Schmel-
n flüchtiger und zerstörbarer sind. Man rech-
et dahin den Zink, Wismuth, Arsenik, Kobald,
Spießglaskönig, Queck silber.

nmer-Meister sind diejenigen, welche die Ham-
erwerke, worauf Eisen und Blech geschmiedet
erden, in Aufsicht haben.

Hammerschlag, s. Eisen.

Hammerwerk sind die Werkstätte, worin das aus den Erzen geschmolzene Eisen und Kupfer zu Gute gemacht wird.

Hanen werden die nach ausgehobenen Blick-Silber auf dem Treibherd stehen gebliebenen Stückchen Silber genannt.

Heißgrätig, hitzig heißt die dünnflüßige und fressende Art der schmelzenden Mineralien, dergleichen die Kiese und Laugensalze habe.

Haube, Treibhurth ist die gewölbte Decke des Treibofens, welche entweder gleich aufgemauert ist, oder aus Eisen besteht, welches inwendig mit feuerfesten Lehm bekleidet ist, und durch Hülfe eines Kranichs auf und abgesezt werden kann.

Herd ist in jeder Art von Ofen die Fläche, worauf das geschmolzene Metall sich befindet. Bey Schmelzofen werden die Tiegel oder Gruben darein gemacht, worinn sich das geschmolzene Metall sammlet. Der Vorherd befindet sich ausser dem Ofen vor demselben. Der Strichherd ist bey den Krumofen. Die Materien, woraus sie aufgeführt werden, ist Kohlenstaub mit mehr oder weniger Lehm vermischt und angefeuchtet. Der Herd im Treibofen ist von blosser Asche. 2) Die mit Glötte angefüllte Asche des Treibofen-Herds. Wenn solcher mit Kohlen geschmolzen wird, so erhält man das reducirte Bley.

Hölen, von Brettern zusammen geschlagenes Fudermaas, worin Kohlen und Erz abgemessen werden.

Hoffarbeiter s. Dingner.

Horchen

rchen der Bälge wenn die Luft aus ihnen nur Stoßweise in den Ofen geblasen wird.

d frischen heißt das reduciren des Herds oder Herd-Glötte im Großen.

he Ofen sind die Ofen, deren Schächte oder Hö-hen von der Form 16 bis 25 Fuß betragen. Das Eisenschmelzen erfodert Ofen, die eigentlich hohe Ofen heissen, von 22 bis 25 Fuß, und noch größerer Höhe. Die Ofen, welche 16 bis 18 Fuß hoch sind, heißen Blauofen. Ihren Bau s. in Cra-ners und Schlüters a. B.

rnerz ein seltenes reiches Silbererz, welches blas gelb, Perlmutterfärbig, halbdurchsichtig und bieg-sam ist. Es hat die größte Aehnlichkeit mit Horn-silber.

tten, Hüttenwerke sind die Werkstätte, darin durch das große Feuer und verhältnißmäßige wei-tere Anstalten, die Erze und Mineralien zu Güte gemacht werden.

ttengezähe, darunter werden alle zur Hüttenar-beit nöthigen Geräthschafte verstanden.

J.

ckel sind die in Bergwerken, wie große Eiszacken, sich angesetzten Vitriole. Sie sind nach Ver-schiedenheit der Vitriole grün, blau, und weiß.

) Der grüne Vitriol, welcher bey der Crystal-lisation sich an das Rohr gesetzt hat.

ngfernschwefel ist der beym Rösten schwefeli-cher Erze von selbst abtröpfelende reine Schwefel, wenn man den Rösten an den Seiten Luft macht und solche etwas wegräumt.

K.

Kalcksteine sind die Steine, welche mit Scheidewasser aufbrausen, und sich im anhaltenden Feuer zu ungelöschten Kalk brennen lassen.

Kalkspath ist ein Mineral von spathartigem Gefüge, welches die Eigenschaften der Kalksteine hat.

Kalt, kaltgrätig nennt der Schmelzer alles, was im Feuer mit einer glasigten Zähigkeit fließt.

Kannen sind beym Treibofen die Formen s. dies Wort. Jeder Balg hat seine besondre Kanne. Beym Schmelzofen haben aber beyde Bälge eine gemeinschaftliche Form. 2) Die Kanne am Kupferbrecher ist ein gegossenes unten schmales Eisen, welches am Stempel befestigt ist, und in den Sattel fällt.

Kannen-Löcher sind die beyden in der Haube gelassenen Löcher, darin die Kannen gelegt werden.

Katzengold s. Glimmer.

Katzensilber s. Glimmer.

Kell-Schlacken sind die Schlacken, welche beym Ausblasen des Silber- und Bley-Erz-Schmelzen am Unterharz ausgekellt werden.

Kern-Büdde ist auf dem Vitriolhofe zu Goslar die Büdde, worin die Lauge geschlagen wird, welche

Kern-Lauge heißt, und beym Waschen des Vitriol-Klein und Kerns noch erhalten wird.

Kienstöcke sind Kupfer, welche auf dem Saygerherd zurück bleiben, nachdem aus ihnen das Bley nebst dem Silber geschmolzen ist.

Kies ist ein Schwefel-Erz, worin entweder Eisen oder Kupfer oder Arsenick enthalten ist. Daher entstehen die Namen das Eisen- oder Schwefel- und Kup-

Kupfer- und Gift oder Wasser-Kieses. Der mehreste Schwefel ist im ersteren, daher er auch Schwefelkieß heißt. Er zeigt eine gelbe glänzende Farbe, die beym Kupferkies blasser, und im Arsenickkies mehr weiß als gelb ist. Seine Schwere ist beträchtlich. Mehr davon s. unter Schwefel-Kies, Kupfer-Kies, Wasser-Kies.

Kieselstein, auch **Kies** genannt, ist ein gemeiner Stein von der Härte, daß er mit gehärtetem Stahl Feuer schlägt, von verschiedener Farbe, zuweilen durchsichtig, wie reines Glas, und alsdann von hohen Werth. Er wird zum gemeinen Glas häufig gebraucht.

Kies-Ofen heißt auf dem Ober-Harz der ordinäre Schmelz-Ofen der Schliech-Röste, wenn in ihm die Kupfer-Kiese zu Gute geschmolzen werden.

Kirsch, Grand ist die Sammlung kleiner noch sichtbarer und fühlbarer Steine. Sie sind das Mittel zwischen Stein und Sand.

Kiste ist bey den Glashütten eine Krücke, womit der Sand, Quarz oder Kieselsteine, welche zum Schmelzen des weißen Glases gebraucht werden sollen, in den Schlamm-Kasten hin und her gezogen werden, damit das aufgegossene Wasser die erdichten und andern leichten Theile wegnehmen kann.

Kister ist im Mansfeldischen ein Eisen, worauf ein Streichholz geschlagen ist, damit die hitzigen Schlacken von dem Kupfer, das im Brill-Ofen geschmolzen wird, abgezogen werden.

Kläre ist der feinste Theil der Beinasche, womit man die Vertiefun oder Spur der Kapelle und Teste bestreuet, und darin fest drückt.

Klä-

Klötzern, unter den Klötzern treiben, ist die Art die Werke abzutreiben in Folgebangen, wo über den Treibherd kein Hut oder Haube ist, sondern Holz über die Werke geleget wird, welches ihnen auch die Hitze giebt. S. Schlüters a. B.

Klüfte, Kluppen sind Zangen, welche beym Probier-Ofen gebraucht werden.

Kniest heissen beym Rammelsberg die Bergarten, welche kleine Trümmer von Kupfererz enthalten.

Knörper, Graupen sind kleine Stückgen Erz.

Kobald, Kobold ist nach den Begriffen der Bergleute ein Mineral, das am meisten Arsenick und wenig von andern Metallen enthält, dies ist der sogenannte Giftkobold. 2) Eigentlich ist es ein Mineral, das auch ohne Beymischung des Arsenicks, aus einer Feuerbeständigen Erde besteht, die mit Laugensalz und Sand geschmolzen in ein dunkel blaues Glas übergeht. Dies ist der sogenannte Farben-Kobold. Die äussere Gestalt dieses Minerals ist verschieden. S. Lehmanns Cadmiologie.

Kobold-König, darunter versteht man das besondre Halb-Metall, das eine rothe Farbe in den sauren Auflösungs-Mitteln zeigt, und dessen Kalk dem Glase die beständigste blaue Farbe giebt.

Kobold-Speise ist die metallische Maße, welche sich beym Schmelzen des mit Kobold beschikten Glasgemengs auf den Boden des Gefässes absetzt. Sie enthält Koboldkönig, Kupfernikel, Arsenick, Wißmuth und etwas Schwefel.

Kohl-Stübbe zu Pulver gepuchte Kohlen. Ein gleiches ist Kohlesche, Kohlenlösche, leichte Stübbe.

König,

König, Korn. Wenn Sachen von verschiedener Schwere vermischt sind, und dann geschmolzen werden, daß eine Scheidung geschieht, wo die schwereren Körper von den leichtern sich trennen und niedersinken, so heissen diese König, wenn ihre Maße groß ist, und Korn, wenn sie klein ist. Am mehresten kommt diese Benennung bey metallischen Scheidungen im Schmelzfeuer vor.

Korn heißt in den Münzen das feine Silber, welches mit Zusatz von andern Metall, Schrot genennt, geprägt wird.

Körnen heißt das Metall in kleine runde Stückchen schmelzen.

Krumm-Ofen heißt der Schmelz-Ofen, daran seitwerts unter dem Tiegel ein Stichherd gelegt ist. Wenn zu beyden Seiten ein Stichherd liegt, so heißt er doppelter Krummofen, Brillofen.

Kühnstöcke, s. Kienstöcke.

Kupfer ist das bekannte fast ziegelrothe unedle Metall, welches zum Wasser wie sich 9 : 1. verhält, im Feuer zur Schlacke wird, auf dem Bruche ohne Glanz ist, im glüen der Flamme ein blau-grünes Ansehen giebt, und in allen Salzen und Oelen sich auflösen läßt. Mit Vitriolsauer giebt es den blauen Vitriol, mit Eßig Grünspann, mit Laugensalzen eine schöne himmelblaue Auflösung.

Kupferblau, Kupfer-Läsur-Erz, gehört zu den Kupfer-Erzen, und ist größtentheils ein Kupfer-Kalck. Eben so ist auch

Kubfergrün. Beyde unterscheiden sich von den eisenhaltigen grünen und blauen Erden dadurch, daß sie im Glüefeuer schwarz, und die eisenhaltigen roth werden. Finden sich diese Erze in Pulver zergangen, so heißen sie Bergblau, Berggrün, und beyde Kupferocher. Kupfer-

Kupfererz, gelbes, Kupferkies, ist Kupfer mit Schwefel und Eisen vererzt, hat eine goldgelbe Farbe mit durchlaufenden grünen Streiffen.

Kupferglas-Erz ist einer rothen Gahr-Schlacke an Gestalt gleich, sehr reichhaltig und selten, besonders das durchsichtige. Seine Nebenbestandtheile sind Schwefel und Arsenick.

Kupferlasur-Erz, s. Kupferblau.

Kupferkies, s. Kupfererz gelbes.

Kupfersand-Erz, ist wenn ein Kupfer-Erz in einer vermischten und sandigten Bergart steckt.

Kupfersauen, s. Bihnen.

L.

Lacht, s. Frisch-Schlacke.

Lech ist in Ungarn, was in deutschen Hütten Steine heißt, nemlich durchschwefelte oder mit Arsenick oder Halbmetallen mineralisirte Metalle, welche auch beym Schmelzen in diesem Zustand geblieben.

Lechbert ist ein vertiefter, abgewärmter Platz vor dem Schmelzofen, worin der aus dem Ofen geschmolzne Stein sich sammlet.

Leese-Kupfer heißt das beym Rösten der Kupfer-Erze oder Steine ausgeschmolzne Kupfer.

Lehmen-Herd ist unter den Aschen-Herd des Treibofens eine Lage oder Herd von Lehmen aufgeführt.

Letten ist so viel, als Thon.

Lieberren, die Gahr-Schlacken-Kupfer zu Heckstädt.

Liesßen ist die Deute an den Blasbalg.

Luppe ist das im Frischfeuer zu einem Klumpen zusammengeschmolzne Eisen, welches alsdenn unter einem

einem grossen vom Wasser getriebenen Hammer gefletscht und mit einem Setz-Eisen ippenstücke, in längliche Stücke, zertheilt wird.

M.

lagner ist ein Eisenstein, welcher das Eisen an sich zieht.

larkasitch, s. Wismuth.

larienglas ist heller durchsichtiger Gyps, welcher in der Wärme kreidenhaft, undurchsichtig wird. Das rußische Marienglas gehört nicht zu dieser Steinart und bleibt auch in der Wärme durchsichtig.

larmor ist ein mit lebhaften Farben versehener Kalkstein, der eine gute Politur annimmt.

laul der Form, s. Form.

leßing ist das gelbe Metall welches aus der Verbindung des Kupfers und Zinks im Schmelzen entsteht.

lißpickel, eine Arsenick-Miner, schwer, fast silberweiß glänzend, hart, giebt mit Sahl Feuer, und einen Arsenick-Geruch, hält viel Arsenick.

loorstein ist Eisenstein, der in sumpfichten Orten gefunden wird.

luffel ist das kleine Gewölbe von gebrannten Thon, darunter die Probier-Scherben und Capellen im Probier-Ofen gesezt werden.

N.

lase an der Form ist und entsteht, wenn die ersten niederschmelzenden Schlacken im Ofen durch den kalten Wind nahe an der Form abgekühlt

 wer-

werden; daselbst erstarren und einen hin und wieder durchlöcherten Klumpen formiren, dadurch der Wind auf alle Seiten vertheilt, und ein egaleres Schmelzen macht.

Nasen-Gasse ist ein Grust, welche in die Mitte der Kohlen, womit der Ofen zuerst angefüllt wird, gemacht wird, darin die Schlacken zur Schmelzung der Nase geschüttet werden.

Nasser Schliech ist der aus den nassen Puchwerken kommende Schliech, da die Erze durch Schlammen erst von der Bergart geschieden worden.

O.

Obere Tiegel, s. Tiegel.

Ocher, Oker, der in der Erde sich findende metallische Kalck.

Ofenbruch, ist dasjenige, welches sich als eine feste Schaale in dem Schmelzofen ansetzt, zuweilen gallmayisch oder zinkisch, bleyisch ist, auch von andern halben Metallen entsteht. 2) Dasjenige bleyische Kupfer, welches nach dem Ausblasen beym Kupfer-Erz-Schmelzen am Unterhatz im Ofen bleibt und aus der Stübbe nicht ausgekrahlt werden kann, sondern nach dem Durchsieben der Stübbe im Siebe zurückbleibt. Wenn solches geschmolzen wird, fällt davon

Ofenbruch-König, oder ein Schwarzkupfer und ein Stein,

Ofenbruch-Stein, der hernach beym Gahrschlackenstein mitgenommen wird.

Ofen zumachen, heißt ihn zu einem neuen Schmelzen vorrichten.

Offene Brust, s. Brust.

P.

[P]ech-Blende ist schwarzer Glimmer.

[P]ech-Erz, ein schwarzes selten reines Kupfer-Erz, welches gewöhnlich zwischen dem gelben Kupfererz fällt, auch vom Kupferblau und grün begleitet wird.

[P]lachmahl ist das durchschwefelte Silber, welches bey der trocknen Scheidung des Goldes vom Silber durch Schwefel entsteht.

[P]orphyr ist ein harter, nicht kalkartiger, dunkel- oder braunrother Stein mit weissen Flecken, der sich gut poliren läßt.

[P]rinzmetall weiß, ist ein Gemische aus zusammengeschmolzenen Kupfer und Wißmuth.

[P]robe heißt die kleine Quantität eines Minerals, daraus man durch chemische Handgriffe den Gehalt erkundigt, und das Gewicht der eingemischten Theile bestimmt.

[P]robieren, heißt untersuchen, wieviel und was für Art Metall Salz, Erde, im Erz oder anderen metallischen Gemische steckt.

[P]robierer ist eine beeydigte Person, der das Probieren anzustellen hat, damit man bestimmen kann, wie viel, und was für Metall und durch was für Hülfsmittel es im Großen darzustellen sey.

[P]robier-Kunst ist die Wissenschaft, welche alle nöthigen Handgriffe und Regeln zu der Untersuchung der Mineralien vorträgt.

[P]robier-Blech ist ein eisernes oder kupfernes Blech, darin halb kugelförmige Spuren oder Vertiefungen getrieben sind, worin die auf dem Treibscherben verschlackte Probe ausgegossen wird, damit

sich

sich das Werk zusammensetzt, erkaltet, und von der Schlacke befreyen läßt.

Probier-Bley ist an sich völlig reines oder einen bekannten Silber-Gehalt habendes Bley, womit die Probe auf dem Scherben verschlackt wird.

Probier-Ofen ist der Ofen, darin unter der Muffel die Erze und Metalle auf Gold und Silber probiret werden. Die Beschreibung mit den Kupfer, s. Cramers Metallurgie.

Probierscherben, s. Treibscherben.

Probierstein ist ein schwarzer Kieselstein, darauf Silber und Gold gestrichen werden, und man aus der Farbe der auf dem Stein gebliebenen Striche auf die Feinheit oder Versetzung mit andern Metallen urtheilen kann.

Probier-Waage ist eine äußerst empfindliche Waage, darauf auch die geringste Schwere einen merklichen Ausschlag giebt. Sie steht in einem gläsernen Gehäuse und dient zur Bestimmung des Gewichts von dem aus der Probe erhaltenen Metalle. Ihre Structur s. in jedem Probier-Buche.

Puchen ist klein stampfen.

Puchen, trocken, geschieht ohne zulauffendes Wasser bey einem Stuff-Erz.

Puchen, naß, geschieht bey Erzen, die mit Bergarten gemischt sind, welche leichter, als die Erze, und daher vom aufgelassenen Wasser leicht wegzuschlemmen sind. Das gute Erz wird dadurch in die Enge gebracht.

Pucherich, Puchwerk, ist der Ort nebst allem Geräthschaft, so zum Puchen gehört.

Q.

Quarz heißt bey den Bergleuten der Feuerstein, welcher im Bruch, oder der äußern Fläche sehr eckig, rißig und schneidend ist. Er ist in Gängen, auch spathartig und drusig, undurchsichtig, und durchsichtig, von verschiedenen Farben. Daher erhält er verschiedene Namen, wird unter die halben Edelgesteine gerechnet, und mehr oder weniger hochgeschäzt. Hieher gehört Carneol, Onych, Türkis u. s. w.

Quecksilber, ein unter die halben Metalle zu zählendes Mineral, von großer Schwere, weißglänzendem Ansehen, flüßigem, nur in der äußersten Kälte etwas gerinnbaren und erstarrenden Wesen, doch so, daß seine Theile unter sich stärker, als mit andern Dingen zusammen hängen, und daher stellen seine kleine Maßen ganz runde Kugeln vor.

Quecksilber-Erz heißt die Bergart, welche mit gediegenem Quecksilber angefüllt ist. Sie ist meystens ein schwarzes oder graues schiefriges oder thonigtes Gebürge, worin das Quecksilber in kleinen Tropfen hängt. 2) Ist darunter der gewachsene Zinnober zu verstehen, welches ein hochrothes, durch Reiben noch röther werdendes, sehr schweres Mineral ist, welches im Bruch bald strahligt, bald blätterigt, bald körnigt, selten durchsichtig ist. Es besteht aus Quecksilber und wenig Schwefel.

Quickmühle, Amalgamier- oder Kräz-Mühle ist die Maschine, worin das mit Erden und Staub vermischte zarte Silber oder Gold mit Quecksilber verbunden, und also aus dem Unrath heraus gen wird. Sie besteht aus einem weiten und flachen schaalenförmigen Boden, von gegossenen Eisen, über welchen ein Faß gemacht und fest eingebunden ist. In dem Boden ist ein eiserner Zapfen fest, darauf ein eisernes Kreuz, das bis an die Seite des Boden-Randes reicht, ruhet, aber darauf herumgedrehet werden kann. Dies Kreuz ist an einer eisernen Stange befestiget, welche aus dem Fasse hervor ragt, und daran ein Kreckel gemacht ist, mit welchem das Kreuz umgedrehet werden kann. Im Fasse sind 2 bis 3 Löcher, woraus das Trübe abgezapft werden werden kann. Wo die Schlieche gediegen Gold oder Silber halten, welches durch verquicken soll gewonnen werden, so werden viele dergleichen Mühlen durch ein Stirnrad, welches das Wasser treibt, in Bewegung gesetzt. S. Schlüters a. B.

R.

Räder ist ein von Eisen-Drath geflochtenes stehendes Sieb, dadurch das zerkleinte Erz geworfen, und also das Feine vom Groben geschieden wird.

Rast im hohen Ofen, s. Gestell.

Rauchschliech, s. Flugstübbe.

Rauhe Gahre, s. Gahre.

Rauschgelb, s. Auripigment.

Roheisen, s. Eisen, rohes.

Rohstahleisen, Spiegeleisen, ist ein brüchiges, klüftiges, hartes und sprödes Eisen, das zu Gußwerk im Lehm tauglich ist. Diese Art fällt vom weißen Eisen- oder Stahlstein. Aus diesem wird im Frischfeuer Rohstahl, welches in dünnen Stücken geschmiedet und wieder im Wasser abgelöscht roh Faßstahl ist. Rohhstein ist eigentlich rohes zusammengeschmolzen es Erz, s. Lech.

se heißt ein Fleck im Bruch des Stahls, der nreine Regenbogenfarben hat, und von den Querrissen entstehet, die der gute Stahl beym Ablöschen im Wasser bekommt.

sierrier-Herd, s. Gahrherd.

sten ist durch das Feuer die flüchtigen Theile aus den Erzen treiben.

st heißt das Erz, welches geröstet ist.

st-Stätte der Ort, wo das rösten geschieht und entweder unter freyem Himmel ist, oder in gemauerten und bedeckten Gebäuden oder Rosthäusern. Davon s. Schlüters a. B.

stbette heißt die unter das zu röstende Erz gelegte Schicht Holz oder Waasen oder Kohlen.

thbruch heißt, wenn das Eisen glüend sehr spröde ist, welches von noch gegenwärtigen Schwefel herrührt.

thgülden-Erz ein dunkel rothes reiches Silbererz, von grosser Schwere, glänzender Oberfläche, meistens halbdurchsichtig. Es zerspringt im Feuer, schmelzt ehe es glühet und giebt arsenikalischen Dampf von sich. Ausser Arsenick und Silber ist noch Schwefel und Eisen darin.

oß-Schwefel, roher Schwefel ist ein noch mit fremder Erde verunreinigter Schwefel. Das Gegentheil davon ist geläuterter Schwefel.

ubin, ein rother und nach dem Diamant der härteste Edelgestein. Er bekommt verschiedene Namen nach Stärke der Farbe. Der hochrothe ist eigentlich Rubin, auch Carfunkel.

ubin Spinell ist der dunkel rothe Rubin.

Rubin Ballas ist der blasrothe Rubin.
Rubincell ist der gelblich rothe Rubin.
Rüssel, s. Form.

S.

Saygerung ist die Operation, da man aus einem Gemische von leicht- und schwerflüßigen Metallen, durch solchen angebrachten Grad der Hitze, in welchem die leichtflüßigen Metalle schmelzen, die schwerflüßigen aber nicht, jene aus diesen ausfliessend macht und letztere ohngeschmolzen stehen läßt. Durch solche Saygerung wird das Werk-Bley von dem Kupfer aus den Kühnstöcken auf dem Sayger-Herd und im Darr-Ofen geschieden.

Saygerherd ist eine Art Ofen, darin mit offener Brust geschmolzen wird. Er besteht aus zwey langen Seiten-Mauren, die auf der Grundmauer, worin Abzüchte gelassen sind, ruhen, und der Hintermauer, die weit höher als die Seitenmauren ist. Zwischen den Seitenmauren ist auf jeder Seite eine Futtermauer, die unten weiter als oben von einanderstehen, und oben eine der Breite nach inwerts fallende abschüßige Fläche hat, worauf gegossene eiserne Platten liegen, welche Sayger-Scharten heissen und darauf die Saygerstücke oder Kühnstöcke gestellt werden. Auf den Boden, wo die Mauren weitern Raum lassen, ist die Gasse so gemauert, daß in der Mitte die Rinne bleibt, worin das abgesaygerte Bley abfliessen kann, vor dieser Rinne ausser dem Herd ist eine Grube, der Tiegel; worin das abfliessende Bley sich samm-

sammlet. An der Hintermauer endlich ist der Rauchfang oder das Flammenloch aufgeführt. Wenn die Saygerstücke auf diesen Herd gesetzt werden, so wird solcher an den äußern Rand der Scharten mit blechernen Wänden eingefaßt, welche die Saygerstücke halten müssen, diese heissen auch Saygert-Bleche oder Wände.

Sanderz ist ein Kupfererz, dessen Bergart in vermischten und sandigen Gestein besteht.

Saphir, ein dem Rubin an Härte gleichkommender blauer Edelgestein.

Sardonich ist ein milchfarbiger mit Streifen oder Flecken durchzogener Quarzartiger Edelgestein.

Sau, s. Bihne.

Saustein, ein schwärzlicher, wenn er gerieben, faul stinkender Kalkstein.

Schacht ist derjenige Theil der Schmelzofen, welcher die Kohlen und Schliche hält, und der eigentliche Ort des Schmelzens ist.

Schienfaß, s. Füllfaß.

Schirm-Wände oder Blenden sind von Brettern zusammengeschlagene Wände, welche an die Roststätte gesetzt werden, den Wind davon abzuhalten.

Schlacke ist die zu einer Art Glas geschmolzene Masse, welche beym Schmelzen zugleich mit dem Metall zum Vorschein kömmt und von geringerer Schwere ist, als das Metall, daher dies bedeckt.

Schlackenbett, Schlackentrift ist die Ableitung, worin die flüßige und im Schmelzen schnell folgende Schlacke von dem Tiegel, worin sich das Metall sammlet, abfließt.

Schlackenhallen sind die Stellen, wo die unbrauchbaren Schlacken hingeworfen werden.

Schlackenherd ist am Lechschmelzofen bey dem Kupfertiegel ein Nebenherd, worin sich die Schlacke sammlet.

Schliech heißt das zu Pulver zerpuchte Erz.

Schmaragd, ein etwas weicher, als Saphir, grüner Edelgestein.

Schmelzen heißt in den Hütten feste Körper, als Erden und Metalle durch das Feuer mit oder ohne Zusatz schicklicher Auflösungsmittel flüßig machen. In den Hütten geschieht dies blos in der Absicht, die Metalle von den Bergarten zu scheiden und sie aus den Ertzen rein darzustellen. Die gemaurten Stätten, worin das Schmelzen geschieht, heissen Ofen, welche nach Verschiedenheit der Ertze verschiedentlich vorgerichtet werden und daher hat das Schmelzen verschiedene Namen erhalten, als

Schmelzen über das Auge, wenn in der Brust des Ofens das Auge offen bleibt, und die geschmolzene Maße daraus in den vorgelegten Tiegel fließt. Man nennt dies Schmelzen besonders

Schmelzen über den Gang, wenn das Auge tief und verdeckt angelegt, und auch

Schmelzen über das Hölzchen, weil zu der Bildung dieses Ganges ein Hölzchen gelegt werden muß, darüber die Stübbe im Ofen festgestampft wird, daß nach weggenommenen Hölzchen der Gang darin stehen bleibt.

Schmelzen über den Sumpf oder Tiegel ist das Schmelzen in einem Ofen, darin der ganze Tiegel liegt, und in der im Ofen gestoßne Stübbe ausgeschnitten ist.

Schmel-

Schmelzen über den halben Sumpf ist, wenn der Tiegel nicht ganz an die Brandmauer reicht.

Schmelzen auf dem Stich, ist vom Schmelzen durch das Auge nicht unterschieden, es wird dabey durch einen nach Nothdurft auf- und zuzumachenden Gang das Metall aus dem Tiegel in einem Neben- oder Stichherd gelassen.

Schmelz Form, s. Form.

Schöpf-Probe, wenn man vom geschmolzenen Metalle mit einem Löffel etwas zum Probiren desselben ausschöpft.

Schramm ist ein Querbret, darauf die Bälge befestiget werden.

Schwarz-Kupfer ist mit fremden Theilen noch gemischtes Kupfer. Es wird steinigtes Schwarz-Kupfer genannt, wenn es noch rohes Erz in sich enthält.

Schwefel ist das blasgelbe flüchtige Mineral, welches leicht, zerreiblich, entzündbar ist, mit blaulicher Flamme fortbrennt, und einen erstickenden in die Augen beissenden Dampf von sich giebt. Er besteht aus Vitriolsäure und Brennbaren, und löset bis auf das Gold alle Metalle auf und vererzt sie.

Schwefel-Kies ist ein schweres Mineral, mit gelbglänzenden Flächen, von solcher Härte, daß es mit Stahl Feuer schlägt. Im Feuer läßt es die Schwefel-Flamme und den Schwefel-Geruch merken, bekommt dabey das Ansehen einer braunrothen Erde, enthält ausser vielen Schwefel, noch Eisen und unmetallische Erde, s. Henkels Pyritologie.

Schweissen das Roheisen ist, solches in einem Grad des Feuers bringen, darin die Schlacken zwischen den Theilen des Roheisens schmelzen, absaygern, und die Theile des Eisens sich berühren können, wodurch das Eisen reiner wird. Dieser Grad der Hitze wird

Schweißhitze genennt, da denn das glüende Eisen blauliche Funken einzeln auswirft.

Setztröge, hölzerne Tröge, darin das Erz und Kohlen auf die Oefen getragen werden.

Sichern nennen die Probierer das Abschlemmen der Erze im Kleinen, und

Sichertrog, das hiezu gebräuchliche Gefäß, welches einer hölzernen Mulde gleicht, an der einen Seite aber tief und an der andern flach ist.

Silber, nach dem Golde das edelste Metall, von weiß glänzender Farbe, im Feuer unzerstörbar, von einer Schwere zum Wasser, wie 11 : 1. von großer Geschmeidigkeit, in der es nur vom Golde übertroffen wird.

Silber-Glaserz, s. Glaserz.

Silber-Hornerz, s. Hornerz.

Silber-Sand, unter diesem Namen versteht man im sehr kleine Schüppchen zergangenes Katzensilber. 2) Erzschlich, der zu Streusand beym Schreiben gebraucht wird.

Sintern heißt, wenn mineralische Körper im Schmelzen nicht fliessen, sondern sich in Klumpen zusammen setzen. Hievon entstehen die Sauen beym Schmelzen.

Spath nennt man alle Steinarten, welche ein aus länglich viereckigen Blätterchen zusammen geseztes Gefüge haben. Es giebt daher Kalkspath, Gypsspath, Feldspath u. s. w.

Spath,

Spath, schwerer, ist ein Spath, der sich durch sein großes Gewicht von den übrigen besonders auszeichnet. Im Feuer wird er mürbe, und leuchtet alsdann im Finstern.

Sperr, Spies, s. Brecheisen.

Spießglas, Antimonium, rohes Spießglas, ist ein Mineral von langstrahligten, blätterrichen Gefüge, dunkel grauer glänzender Farbe, sehr mürbe, und schwer. Im Feuer fließt es bald, giebt eine Schwefel-Flamme und Dampf nebst eckelhaften süßlichen Geruch. Es besteht aus dem halbmetallischen Theile und Schwefel.

Spießglas-König ist ein besonderes halbes Metall, auf dem Bruch blätterig, sehr spröde und ziemlich hart, silberweiß etwas blaulich. Schmelzt nicht leicht und geht im dicken Rauch davon. In gelindem Feuer wird er zu Kalk, der im stärksten Feuer zu braunrothen Glas wird. Auf einer Kohle mit dem Lothröhrchen geschmolzen, erstarret er nicht, wenn man mit dem Röhrchen beständig auf ihn bläset, sondern fließt fort und verfliegt.

Spleissen ist die Kupfer in dem großen Gahr- oder Spleißherd gahr machen.

Spleißherd, ist der Herd im Spleiß-Ofen, worauf die Kupfer in großen Quantitäten gahr gemacht werden.

Spleiß-Kupfer heißt das Gahr-Kupfer, welches vom Spleißherd kommt.

Spleiß-Ofen, worin mit Flammenfeuer die Schwarzkupfer gahr gemacht werden, hat mit einem Treibofen die größte Aehnlichkeit, ist aber darin unterschieden, daß, wo am Treibofen das große Schürloch ist, an diesem zwey Augen und davor zwey Herde mit Tiegeln sind, worin das Spleißkupfer abgelassen wird; daß, statt der Glöttgasse, hier das Schürloch ist, woraus die Schlacken gehen, und daß die Bälge durch eine krumme Deute den Wind auf das Kupfer gegen die Augen zu blasen, daß der Herd von schwerer Stübbe, aus Kohlen-Stübbe und Lehm gemischt ist, und die Haube auch zugleich den Windofen bedeckt.

Spor, Spur ist der Gang, welcher im Schmelzofen in der Gestübbe ausgeschnitten ist, und das Geschmolzene in den Tiegel leitet. 2) Bey Treibherd und Capellen ist es die Vertiefung, darin das Metall im Fluße steht.

Spurmesser ist das gekrümmte zweyschneidige Werkzeug, womit die Tiegel und Spuren ausgeschnitten oder eigentlich ausgeschabt werden.

Spurstein, s. Durchstechstein.

Spiegeleisen, s. Rohstahleisen.

Stabeisen, geschmiedetes Eisen wird von Roheisen gemacht, welches in die Schweißhitze gebracht und durch Hammerschläge zusammen geschweisset wird. Es muß sich kalt und glüend unter dem Hammer gut treiben und biegen lassen, wenn es recht gut ist.

Stahl ist Eisen, welches die größte Vollkommenheit seiner Art erlangt hat, und sich von anderm Eisen dadurch unterscheidet, daß es, mäßig ausgeglüet und langsam erkaltet, die größte Geschmeidigkeit, und, nach dem Glüen im kalten Wasser abgelöscht, die größte Härte annimmt, der ausser einige Edelgesteine alle Körper nachgeben müssen.

Srecheisen sind die graden, oder gebognen forn zugespitzten oder meisselförmigen Eisen, damit der Stich gemacht wird.

Srein, s. Lech, Rohstein.

Stein, durch den Srein blasen, s. Form-Stein.

Stricheisen sind 3 Fuß lange, einen halben Zoll breite, und einen Viertel Zoll dicke Eisen. Man gebraucht sie vom geschmolznen Kupferstein die Probe zu nehmen, welche

Srichprobe heißt. Man fährt mit dem Eisen in den vom fliessenden Kupferstein vollen Tiegel schräg hinein, und zieht es schnell wieder heraus, so bleibt am Eisen eine Schaale vom Stein sitzen, welche zur Probe genommen wird.

Stichherd ist neben dem Vorherd und tiefer, als er, angelegter Platz, worin eine Vertiefung ist, in welche das durch den Stich aus dem Tiegel gelaßne fliessende Metall hinein läuft. Diese Vertieffung in dem Stichherd ist der untere Tiegel, und der Tiegel im Vorherd ist der obere.

Stirnmauer ist der obere Theil der Vorwand am Schmelzofen.

Stübbe ist die Materie, woraus Herde und Tiegel im Ofen gemacht werden. Leichte Stübbe ist blos von zerstampften Kohlen, s. Kohlenlösche. Schwere Stübbe ist Kohlenstaub mit Lehm vermischt.

Stopfholz ist ein runder Knüppel $1\frac{1}{2}$ bis 3 Zoll dick; 4 bis 6 Fuß lang, damit der geöfnete Stich wieder verstopft wird, wenn der untere Tiegel voll ist.

Stopfstübbe ist von Lehm, gewöhnlicher Herdstübbe, auch wohl zerstoßnen Schlacken zusammen gemengt,

mengt, und so weit mit Wasser angefeuchtet, daß es sich ballen läßt. Sie wird zum Zumachen des Stichs in denselben hinein gestossen.

Stoßhölzer, Stoßkolben sind die keulenförmige Werkzeuge, womit grosse Herde fest geschlagen werden.

Stuffproben sind die Proben, welche von einem ausgesuchten Stücke Erz genommen werden.

T.

Tasche, Auge im Spleißofen besteht in einem Klumpen Lehm, welcher beym Zumachen dieses Ofens vor das Gebläse gelegt wird, damit beym Einschmelzen der Kupfer der Wind in die Höhe und nicht auf die Kupfer gehe. Nach geschehenen Einschmelzen wird die Tasche weggestossen, und der Wind bläset auf das Kupfer.

Test ist wie eine Capelle gestaltet, aber ohngleich grösser, von ½ bis 1½ Fuß im Durchschnitt, und wird aus Holzasche zubereitet. Das schon fast feine Silber wird darin zur höchsten Feine gebrannt, indem das wenige noch anhangende Bley abgetrieben wird.

Test-Pfannen sind die irdnen oder eisernen Näpfe, welche einen flachen Boden und bauchige Seiten haben, worin die Teste zubereitet werden, und auch bey dem Gebrauch stehen bleiben.

Test-Ringe sind oben weite und unten engere eiserne Ringe, die wie Test-Pfannen gebraucht werden.

Testscherben sind irdene Näpfe, inwendig mit Reifen versehen, worin die Testasche sich festsetzt. Ihr Gebrauch ist, wie bey Testpfannen.

Theil-

Theilmesser sind lange, sabelförmige, breite, mit starken Rücken versehne Eisen, welche in das auf dem Treibherd zugleich fein gebrannte Silber gesenkt werden, dadurch der gleich abzulöschende Blick zertheilt wird. Wenn der Blick sehr groß ist, werden diese Werkzeuge gebraucht.

Tiegel heißt bey Schmelzofen die in deren untersten Theil, oder Herd angelegte Vertiefung, worin sich die geschmolzene ablaufende Materie sammlet. Einige nennen auch diese Vertiefung Herd, andere Spor.

Tiegel oberer und unterer, s. Stichherd.

Treiben ist durch Hülfe der Hize das Silber vom Bley scheiden. Man sagt alsdenn vom Bley: es treibt, wenn es anfängt zu rauchen und gleichsam zu kochen. Im Kleinen geschieht dies Treiben unter der Muffel im Probierofen auf dem Treibscherben und der Capelle, im Grossen auf dem Treibherd im Treibofen.

Treibherd ist die untere Fläche des Treibofens, die aus Asche, Kalk und Thon geschlagen wird, in der Mitte tiefer als an den Seiten ist, und die geschmolznen Werke, zulezt den Blick in sich hält.

Treibhuth, s. Treibofen.

Treibofen ist das Gebäude, worin der Treibherd eingeschlossen ist. In seinem Grunde unter dem Herd sind doppelte Abzüchte übereinander angelegt. An der einen Seite ist ein Windofen, aus dem die Flamme auf den Herd schlägt, diesem gegenüber ist in der Seitenmauer das grosse oben gewölbte Schürloch, welches mit einer star-ken ausgemauerten Thür zugesezt werden kann. Neben dem Schürloch des Windofen ist in der Seitenmaur des Treibofens eine Oefnung, Glött-gasse, dadurch man das Treiben bemerkt, Ab-zug, Abstrich und Glötte vom Herd ableitet. An der gegenüber stehenden Seite liegen zwey Formen, so, daß der eingetriebene Wind kreuz-weis über den Herd streicht. Der Ofen ist mit einem Gewölbe oben geschlossen, welches entwe-der auf der Seitenmauer gebauet, oder eine ge-mauerte Haube ist, die durch einen Kranich auf-gesetzt und abgehoben werden kann, dies Ge-wölbe hat den Namen, Treibhuth, oder Haube.

Treibscherben, Probierscherben sind kleine von feinem Thon festgeschlagne und gebrannte Ge-fässe, die oben 1½ bis 2 Zoll weit sind, unten enger werden, und einen breiten niedrigen Fuß haben. Ihre Oberfläche, worin das Schmel-zen geschieht, ist wie bey Capellen rund ausge-hölt und nicht sehr tief. Sie werden zum ver-schlacken der Silbererze, zum Ansieden, ge-braucht.

Tropf-Schwefel, s. Jungfernschwefel.

Tropfstein, Sinter, ist ein kalkartiger lockrer Stein, der sich aus dem Wasser, worin die zer-theilte Erde fortgeführt worden, durch die nach und nach sich häufende abgesetzte Erde erzeugt.

Turen sind Gefässe, welche von feuerfesten Thon gebrannt werden, oben eine enge Oefnung haben, in der Mitte bauchig sind, und mit einem schmalen breiten Fuß sich endigen, in welchem der inwendige Raum sehr spitz zuläuft. Man gebraucht sie zu Proben der Metallen, die leicht verbrennen, als Bley, Kupfer, u. s. w.

Türkis ist hellblauer ins Grüne spielender quarzliger Edelgesteine.

U. V.

Vererzen heißt durch Zusatz von Schwefel, oder Arsenick, oder beyden ein Metall im Schmelzen zu einem spröden Körper, welchen die Schmelzer Stein nennen, und dem natürlichen Erze gleich machen.

Verglasen, verschlacken heißt im Schmelzfeuer ein Metall oder Erden zu einer Art Glas machen.

Vitriol ist ein Salz, welches aus Metallen und einer besondern starken Säure besteht. Die Natur giebt Eisen- Kupfer- und Zinck-Vitriol.

Vitriol-Kies ist ein Schwefel- oder Kupferkies, der, nach vorgängigen Rösten und Zergehen an der Luft, durch Auslaugen im Wasser Vitriol giebt.

Ungarsche Ofen, s. Brillofen.

Vorherd ist das vor dem Schmelzofen angelegte Behältniß, worin der Tiegel ausgeschnitten ist.

Vorläufer sind die Handlanger des Schmelzers.

Vorwand ist die Mauer, womit der Schmelzofen forn geschlossen ist, in dessen Untertheil, oder Brust das Auge ist.

W.

Wasser-Bley ist eine Bergart, die äuserlich einen klarblätterichen, schwarzen Glimmer oder Talk gleich, im Feuer sehr beständig ist, sich schneiden läßt, und die Finger schwarz glänzend beschmuzt. Es ist dies die vorzügliche Materie zu den Ipser-Schmelztiegeln.

Wasser-Kies, s. weisser Kies.

Weißgülden-Erz ist weißlich oder graues reiches Silber-Erz, worin Schwefel, Arsenik und Kupfer steckt.

Weisser Kies ist ein weiß glänzendes schweres Mineral, das nebst Eisen und Schwefel vielen Arsenik enthält.

Werk, Werkbley ist silberhaltiges Bley.

Wild-Erz heißt ein Mineral, welches dem äusern Ansehen nach viel gutes Metall verspricht, innerlich aber wenig oder nichts hält.

Windofen ist überhaupt eine Art Ofen, darin ein starker Zug der Luft erhalten wird, welcher zu der Verstärkung der Hitze vieles beyträgt. Man erhält diesen Zug entweder durch hohen Aschenfall, oder durch lange Rauchfänge, im Kleinen durch auf den Ofen gesetzte Kuppel und Röhren.

Wißmuth, Marcasith ist ein Halbmetall, von blätterichen Gefüge, gegen das Wasser, wie 39 zu 4 schwer, spröde, mürbe, zerreiblich, im Feuer leichtflüßig, zerfällt darauf in Kalk und Asche. Bey heftigen Feuer geht ein Theil in Rauch fort, der übrige wird zu Schlacke, fast wie das Bley.

Bley. Mit Zink schmelzt er nicht zusammen. Er kann zum Abtreiben gebraucht werden, und das Silber ist denn vorzüglich weiß.

Wolfram ist ein strahliger, blättriger, gerieben dunkelröthlicher, schwerer, nicht sehr harter Eisenstein, der sich im zinnhaltigen Gebürge findet, und wenig schlechtes Eisen giebt.

Wurzeln an den Brandstücken. Wenn in den Testen gebrannt wird, so bekommen sie in der Asche gewöhnlich zarte Risse, wo sich das fliessende Silber hineinsetzt, daß an den erstarrten Silber kleine Zacken bleiben, welche Wurzeln heissen.

Z.

Zink ein blaulich weisses Halbmetall, etwas zähe, aber nicht sehr schmeidig, zum Wasser wie 7 zu 1 schwer, auf dem Bruch spiegelig und blätterich. Im starken Feuer brennt es mit einer gelbgrünen Farbe, und steigt in weissen leichten Flocken auf, die sich an die nächsten Körper, wie Spinneweben, anlegen, welche im Schmelzfeuer zu olivenfarbigen zähen Schlacken werden.

Zink-Blende, s. Blende.

Zinkerz, Zinkstein ist Galmey, s. dies Wort.

Zinkischer Ofenbruch, s. Galmeyischer Ofen.

Zinn, das leichteste der unedlen Metalle, gegen das Wasser wie 22 zu 3 schwer, sehr leichtflüßig, wird im Feuer zur Asche, welche nur im stärksten Feuer schmelzt, im Glüefeuer geht ein Theil mit knoblauchsartigen Geruch als ein Rauch fort,

seine

seine Schmeidigkeit ist gering, ob es gleich auch nicht hart ist, im Biegen knirschet es. Die Farbe ist weißglänzend, doch blaulicher, als das Silber.

Zinngranat, ist ein Zinnerz von dunkelbrauner Farbe, halb durchsichtig, zuweilen in regelmässiger, eckiger, zuweilen in unordentlicher Gestalt, aber von grosser Schwere.

Zinngraupen, ist ein ganz reiner und regelmäßig vielseitiger Zinnstein.

Zinnober ist ein Quecksilbererz von rother Farbe, die im Reiben hochrother wird, von grosser Schwere, geringer Härte, und in derben Stücken strahligem Gefüge. Es besteht aus Quecksilber und Schwefel.

Zinnstein, ist von schwarzbrauner Farbe, vielseitiger Form, glatter und spiegelnder Oberfläche, und hat unter allen Erzen die größte Schwere, mäßige Härte, und zeigt gegen das Zinn gerechnet grosse Strengflüßigkeit.

Zinnzwitter, Zwitter ist ein Zinnstein, der quarzigen Bergarten, Eisensteinen, und andern Erzen eingesprengt ist.

Zunder ist so viel als Hammerschlag, s. Eisen.

Zünder ist das vom Rostbett in die Höhe gerichtete Brennholz (daherum das Erz oder Stein, welches geröstet werden soll, gestürzt ist,) welches angezündet wird, und das Feuer an das Rostbett von oben nieder leitet.